トランプ人気の深層

池上彰
佐藤優
デーブ・スペクター
中林美恵子
前嶋和弘
高畑昭男

宝島社新書

はじめに

２０２４年11月にアメリカの大統領選がある。現在（２０２４年5月）、共和党の候補はトランプで、民主党の候補はバイデン（２０２４年7月21日大統領選撤退を発表。後継にハリスを指命）となっている。２０２０年はトランプが大統領だったが、２０２４年はその逆で、トランプは挑戦者だ。

選挙の行方は全くわからない。２０２３年の前半まではトランプが共和党の候補になることさえ危ぶまれていたが、いまでは、「もしトラ」から「ほぼトラ」になったとさえ言われている。

「もしトラ」は「もしトランプが大統領になったら」で、「ほぼトラ」は「ほぼトランプが大統領になる」ということだ。しかし、「ほぼトラ」は言い過ぎで、「もしトラ」さえ危ういという声もある。

結局は、蓋をあけてみなければ（11月にならなければ）、わからないということだ。アメリカの世論調査も、その時々でコロコロ変わる。そもそも、アメリカ全体の世論調査などあてにならない。アメリカの激戦州の行方で大統領が決まってしまうからだ。

カリフォルニア州やニューヨーク州は民主党候補で決まりだし、テキサス州やフロリダ州などはトランプで決定だろう。問題は激戦州と言われるアリゾナ州、ジョージア州、ミシガン州、ネバダ州、ペンシルベニア州、ウィスコンシン州の結果だ。

これらの6つの州がトランプか民主党候補のどちらを選ぶかで大統領が決まってしまう。そして、この州の世論調査も、決定的な差はない。

しかし、トランプがアメリカの大統領になれば、世界の情勢やウクライナ戦争、そして日本の経済や安全保障も含めて大きな変動が予想される。

そこで、本書では、大きく二つのテーマで各専門家や識者に話を聞いた。まずは、なぜトランプは人気なのか。その人気の秘密はどこにあるのか。何が彼を支えているか、だ。これによって、彼の政策の行方が見えてくるだろう。

そして、もしトランプが大統領になったら、具体的に世界はどう変わるのかが、二つ目のテーマである。アメリカの外交は、分断しているアメリカ社会の行方は、日本への影響はどうなるのか、だ。

私たち日本人は、トランプを知っているつもりになっている。そして、現在のアメリカのことも知っているつもりになっている。しかし、本書を読めば、いかに彼らのことを知らなかったかに気づくであろう。

アメリカ大統領がトランプになっても、民主党候補になっても、世界の大激動は続くであろう。しかし、その行方を知っていれば、転ばぬ先の杖となるはずだ。分断するアメリカのその内実をじっくり知ってほしい。

編集部

目次

第三章

トランプで一層深まるアメリカの分断

前嶋和弘氏（上智大学総合グローバル学部教授）インタビュー　

トランプでもバイデンでも分断は続く！
人口動態が変わらない限り、アメリカは変わらない

第四章

第五章　トランプとネオコン

高畑昭男氏（外交ジャーナリスト）インタビュー

ネオコンと親和性が高いバイデン
ディープステートと批判するトランプ

第六章　トランプはなぜ嫌われるのか

トランプが大統領になったら、アメリカ国民は本当に恥ずかしいです

デーブ・スペクター氏（テレビプロデューサー）インタビュー

第一章　トランプ人気と「もしトラ」

池上 彰（フリージャーナリスト）

もしトランプが大統領に復活したら、アメリカは大混乱、世界も大混乱に

池上彰氏（フリージャーナリスト）インタビュー

当初、編集部はトランプがなぜまた復活することができたのか。その人気の源を知りたいと考えていた。そのため、池上氏には「なぜ、トランプは人気なのか」をテーマとして聞く予定であった。しかし、アメリカの状況は、「もしトラ」から「ほぼトラ」に変わってしまっていた。そこで、トランプの支持層についてだけでなく、「もしトランプが大統領に復活したら」何が起こるのかを大きな二つのテーマとして、池上氏に直撃した。

（2024年4月15日取材）

トランプを支持する福音派とは……

編集部　まず、率直に質問します。今回のアメリカの大統領選挙はトランプが勝つのでしょうか？　それともバイデンでしょうか？

池上彰氏（以下、池上氏）　まったく分かりません。

編集部　一時、トランプの支持率の方が高かったと言われていましたが……。

池上氏　先日、バイデンが議会での演説において毅然とした態度で、アメリカが世界の中で民主主義を守っていくと発言したことが、アメリカ国内でも好感をもって受け止められています。バイデンの支持率も上がっています。

どちらが大統領になっても、おかしくない状況です。

編集部　では、本来の質問に移ります。トランプを誰が支持し、なぜ支持しているかです。トランプは野卑で下品だと言われています。そのトランプをキリスト教でも敬虔なクリスチャンである福音派が支持しています。なぜ福音派はトランプを支持するのでしょうか？

池上氏　トランプはキリスト教を信じているということを盛んにアピールしています。大統領選に出るまで、どれだけ熱心な信者だったかどうかはわかりませんが、大統領の時も、ホワイトハウスの前に建つ教会の前で、聖書を掲げて記念撮影をしてみせました。

今回、トランプはトランプ版の聖書を作って新たに売り出しています。もちろん新約聖書が基本ですが、それにアメリカの独立宣言とか、合衆国憲法を入れ込んだ独自の聖書です。これを大々的に売り出して、資金集めをしています。

トランプの人工妊娠中絶を禁止するとか、ＬＧＢＴＱ＋に冷淡であるとか、こういうことが福音派に支持されている理由です。

民主党だと同性婚を認めるべきだとか、人工妊娠中絶の自由を認めるべきだというので、福音派は支持できません。だから、基本的に福音派は共和党支持になります。

しかし、以前、共和党にマケイン候補という方がいましたが、彼は、どちらかいうと共和党の中でもリベラルでした。だから、福音派は共和党であってもマケイン候補は応援していませんでした。

それに対してブッシュ・ジュニアは、「目覚めたクリスチャン」という言い方をして福音派の支持を集めました。彼は若い時にあらゆる事業に失敗し、アルコールに逃げていたのですが、あるとき、突然イエスの姿を見て、熱心なクリスチャンになるのです。

福音派のなかにも、このような体験をする人は多くいます。だから、そのような福音派の人たちは「ブッシュ氏は我々と同じ仲間だ」と感じ、彼を大統領にする選挙活動を熱心に行ったのです。宗教的活動家は熱心に選挙活動をします。創価学会が公明党を応援するのと同じです。だから、福音派が応援したブッシュ・ジュニアは大統領になり、福音派が応援しなかったマケインはオバマに負けています。

トランプは自ら当選するには福音派を味方につけなければいけないと考えているのです。折に触れて、福音派の人たちが喜ぶことを言っています。

編集部　そうすると、トランプが福音派を取り込むのは選挙対策なのですか？

池上氏　もちろん、そうです。トランプは熱心なクリスチャンだとは思えません。あくまで選挙で勝つためにそうしているのです。

ただし、トランプはこれまで2回も離婚しています。また、不倫の話も出ています。福音派は敬虔なクリスチャンで、正しく生きていかなければならないという考えがありますから、トランプは違うのではないかと思っている人はいます。

だから、福音派のなかにもトランプは支持できないという人はいますが、全体としてはトランプを支持している人が多いということです。アメリカの4分の1は福音派ですから。

2016年、ラストベルトの人たちの心をつかんだトランプ

編集部　福音派以外の人たちでトランプを応援している人たちは、トランプのどこを応援しているのでしょうか？

池上氏　2016年の大統領選挙では、ラストベルトと言われている自動車産業や鉄鋼産業がすっかり寂れてしまっている地域で、「アメリカ・ファースト」を訴えました。これ

によって、これらの産業を復活して雇用をもたらすとしたわけです。

石炭産業に関しても、それまでオバマやヒラリーは温暖化対策のために、石炭の採掘をやめなければならないと言っていました。そうなると石炭産業はなくなってしまいます。

それをトランプは「温暖化なんて嘘だ。石炭をどんどん掘ればいい。石油もどんどん使うべきだ」と言ったのです。これによって石炭産業に従事する労働者の心をつかみました。

トランプに再選させたくなくてバイデンに入れたアメリカ人

編集部　しかし、トランプは2020年の大統領選には負けています。それは、その支持層が離れていったということですか？

池上氏　違います。2016年には投票しなかったけれど、トランプは酷すぎると思ったアメリカの人々がバイデンに投票したのです。彼らはバイデンを支持していたわけではないですが、トランプは酷すぎるから大統領に再選させないためにバイデンに入れたのです。

さらにいえば、2016年も総得票数ではヒラリーが勝っています。280万票もトランプはヒラリーに負けています。選挙人制度で州ごとに勝ち負けを決めていくアメリカの選挙システムのおかげでトランプは勝てたのです。実際の得票数では負けています。

２０１６年、ラストベルトの州をトランプが獲りました。しかしラストベルトは労働組合が強く、労働組合は民主党の支持基盤なので、ヒラリーは勝てると油断していました。そこで２０２０年、バイデンは民主党の支持者を「反トランプ」でまとめ、投票に行かせて勝ったのです。

編集部　２０２４年大統領選の共和党の予備選で、トランプは圧勝していますが。共和党内の反トランプの動きはどうなのでしょうか？

池上氏　予備選で確かにトランプは強かったですが、得票率は共和党内の８割です。ということは、熱狂的にトランプを支持しているように見える共和党でさえ、２割はトランプが嫌いなのです。

現在の共和党は、実質的にトランプ党になりましたが、本来の共和党はそうではないはずだと思っている人たちがいて、その人たちが予備選でニッキー・ヘイリーに投票していたということです。

共和党を乗っ取ったトランプ

編集部　共和党内で、トランプに否定的な人たちとはどういう人たちなのでしょうか？

池上氏　これは、２０１６年にトランプが共和党を乗っ取ってしまったと考えていただけるとわかりやすいでしょう。本来の共和党というのは、小さな政府を志向し、国際協調主義であったわけです。それを、トランプが出てきて「アメリカ・ファースト」をぶち上げて、変えてしまいました。

２０１６年の共和党の予備選は1月から始まりましたが、当初は20人ほどの候補者がいました。その候補者同士でテレビ討論会を行います。

そのテレビ討論会は生放送ですから、放送禁止用語を話しても止めることはできません。そこで、トランプは放送禁止用語を連発したり、下品なことを言ったりして相手を次々に叩き潰していきました。ほかの候補者は政策論争をしようとします。しかし、トランプは政策論争をするどころか相手を罵倒する発言をするのです。日本語で言えば、「お前のかーちゃんでべそ」的な発言です。

当時、有力な候補でフロリダ州出身のマルコ・ルビオがいました。彼は身長が低かったのです。トランプは、その彼に「お前はチビだろう、チビってことはアソコも小さいだろう」というのです。

とんでもない発言です。マルコ・ルビオは唖然とするわけです。もし、これが収録の番組であれば、当然カットです。生放送だから放送されてしまいます。

このように口汚い発言で、共和党の政治エリートたちを次々と罵倒していきます。これが、いままで政治に興味がなかった人たちの関心を呼び、「こいつは面白い」「こいつを共和党の大統領候補にすればいいんじゃないか」と支持が広がったのです。

この、いままで政治に関心がなく、トランプの面白さにひかれた人たちの多くが、高卒で肉体労働者の白人たちでした。この人たちが大挙して予備選挙に行きます。州によっては、予備選挙の会場に行って、その場で共和党の党員になりたいと言えば、党員になれるところがあります。

大挙して共和党の党員になった高卒の白人たち

編集部　党員としての活動歴とか、党費を納めるとかは関係なく、ですか？

池上氏　関係ありません。その場で党員になりたいと言えば、党員になって予備選挙に投票できるのです。ですから、それまで政治に関心がなかった人たちが、大挙して共和党の党員になりました。２０１６年、共和党員が激増しています。

トランプは「俺が共和党員を増やしてやったんだ」と自慢しています。

形式的な部分もありますが、最終的に各党の大統領候補が決定するのは夏の党大会です。共和党が７月、民主党が８月です。各州で選ばれた代議員が集まって大統領を決めます。

私は２０１６年の共和党の大会に行きましたが、会場はスカスカでした。トランプを支持した代議員は党大会に参加しましたが、他の代議員は参加しなかったのです。そのときの共和党大会を見るかぎり、共和党全体でトランプを支持するという雰囲気はありませんでした。演説をするのはトランプの身内だけ。伝統的な共和党員たちは演説をしません。

演説してくれる人が少ないので、演説と演説の間にカントリーミュージックが延々と流れていました。

結局、伝統的な共和党員はトランプを支持しなかったけれど、いままで政治に関心がなかった人たちが彼を支持してトランプが大統領になったのです。

そして、2018年に中間選挙が行われました。

アメリカの中間選挙は大統領選挙が行われる年と年の中間に行われ、上院議員の3分の1、下院議員は全員が改選されます。そして、その党に現職議員がいても予備選挙が行われます。日本であれば、衆議院でも参議院でも現職がいれば、その人を優先的に党の公認候補にしますが、アメリカは違います。

アメリカは上院にしろ、下院にしろ、現職議員がいても州ごとに予備選挙をします。2018年の中間選挙に、トランプ支持の候補者が出てきて、伝統的で穏健な現職を叩き潰すのです。だから、予備選挙の段階で共和党の現職は次々と落選しました。

結果的にトランプの熱烈な支持者が多く上院議員、下院議員の候補になりました。さらに、その状況を見て嫌気がさし、やめていった穏健な共和党の議員もいました。そのため、2018年の中間選挙、そして2020年の選挙で、共和党はすっかりトランプ党になってしまったのです。

トランプの下品さに嫌気がさした穏健な共和党員

編集部　政策的な違いがあるにしても、嫌気がさすほど、穏健な共和党員や伝統的な共和党員がトランプに否定的なのは、なぜなのでしょうか。

池上氏　一番は、トランプの下品さです。これが嫌なのです。これまでの共和党員は、ビジネスで成功したお金持ちで教養のある人たちが多かったのです。その人たちはトランプとは、まったくそりが合いません。

先ほども少し触れましたが、伝統的で穏健な共和党員は、国際関係において協調主義で、相互に依存して協力し合うべきだと考えます。その人たちにとって「アメリカ・ファースト」は違うと感じます。さらに、トランプはヨーロッパの国と対立していきます。これはヨーロッパと協調してやっていこうとする元々の共和党員からすると、やはり違うのです。

トランプは大統領になって減税をしました。減税は共和党の伝統的な政策です。しかし、減税をして赤字になると、トランプは赤字国債を発行しました。それもかなり頻繁に発行しました。伝統的な共和党員は国債発行に反対なのです。つまり借金財政などしないで、限られた財政で国家運営をすればいいというのが伝統的な共和党の考え方です。

しかし、トランプは赤字国債を頻繁に発行して、伝統的な共和党員をがっかりさせました。一方、新しく共和党に入ったトランプ党の連中は、トランプが赤字国債を発行して景気をよくすれば、それはいいことだと、もろ手を挙げて賛成してしまうのです。

編集部　新しく入った共和党員は、もともとの共和党の政策を知らないから、トランプの言っていることを信じてしまうのですね。

池上氏　そうです。もともとの共和党は金持ちのインテリの党だったわけです。それが、高卒のあるいは高校中退の肉体労働者たちによって乗っ取られてしまいました。

編集部　そうなると、共和党の支持基盤が大きく変わってきているということですか？

池上氏　そのとおりです。ただし、アメリカは分断が進んでいますから、共和党に投票してきた人は、絶対に民主党には投票しません。だから、大統領選になれば共和党だからトランプに入れるという人は一定程度いるのです。

グローバル化によって拡大したアメリカの格差

編集部　ブッシュ・ジュニア以前は、両党とも大統領候補になると、中道寄りの政策を出していたように思いますが……。

池上氏　ブッシュ以前はそうでした。民主党のクリントンは右的でしたし、共和党のブッシュ・ジュニアは「穏健派」になると言っていました。そう言いながらアフガニスタン侵攻やイラク戦争を引き起こしましたが……。

しかし、トランプは違います。民主党に対して「共産主義者」と批判し、戦うべき相手と攻撃します。トランプは敵と味方をはっきり分けます。そして、トランプの熱烈な支持者を作り出し、選挙運動をさせるという構図になっています。

アメリカの分断はトランプが登場する前から進んでいました。分断が進んでいたのを、より極端にしたのがトランプなのです。

なぜ、分断が進んだかというと、東西冷戦が終わって世界はグローバル経済になりました。それによって、人件費が安い東ヨーロッパで様々なものが作られるようになりました。また、改革開放政策の中国でも安いものがどんどん作られるようになっていきました。

そして、それらの商品がアメリカにどんどん入ってくることによって、アメリカの伝統的産業がつぶれていくわけです。それだけではありません。製鉄業は、アメリカの一大産業でしたが、韓国や日本の品質のいいものがどんどん入ってきて、アメリカの製鉄業が寂れました。自動車産業も同じです。韓国や日本の安くて燃費のいい車がどんどん売れるようになりました。これは東西冷戦が終わって世界が一つのマーケットになり、各国の企業がグローバルで競争するようになったからです。それによってアメリカの製造業は衰退し、失業者が大量に生まれるようになりました。

しかし、一方で金融やＩＴで大金持ちになる人がいます。金融やＩＴで大金持ちになるのはインテリの高学歴の人たちで民主党支持者が多いのです。

逆に製造業に従事している高卒の人々は、より貧しくなっていきました。このようにグローバル化によってアメリカ国内が分断していったのです。

そして、トランプはこの製造業に従事している高卒の白人を支持者に取り込んでいきました。トランプは演説で「俺はお前たちみたいな低い学歴の者たちが好きなんだ」とぬけぬけと言っています。

学歴の低い肉体労働者からすれば、民主党やその支持者たちは上から目線に見えます。高学歴で大学院まで出ている連中は、俺たちをバカにしているんじゃないかと思えるわけです。一方、民主党を支持している人たちにしてみれば、「トランプなんて支持しやがって」とバカにしている部分もあったのでしょう。

このような上から目線に学歴の低い人たちは敏感に反応します。これに対するルサンチマン（弱い者が強い者に対する怒りや嫉妬から生まれる弱き者が善であるという意識）や反発、不満がトランプ現象になっているのだと思います。

編集部　**グローバル化によって生まれた大きな格差がアメリカ分断の社会的基礎にあるわけですね。**

池上氏　そうです。トランプが分断を生んだという人たちがいますが、そうではありません。分断がトランプを生んで、トランプがその分断を拡大したということです。

ディープステートをなくすため5万人の役人をクビにするトランプ

編集部　2016年と今回でトランプの政策が変わっているところはあるのでしょうか？

池上氏　トランプが大統領になったとき彼の側近には政治経験があるものが少なかったのです。だから、経験のある伝統的で穏健な共和党の人たちを各省庁の長官に任命しました。

しかし、その人たちが伝統的で穏健な政策を採るとトランプのやりたい政策と衝突するようになります。そして、トランプはその長官たちを次々とクビにし、自分の言うこと聞く人間を後釜に据えたわけです。もちろん、このような人事ではうまく政策が実現できません。トランプも最初の4年間では政策が思うように実現できなかったと思っています。そのためトランプは再び大統領になってなんとかリベンジしたいのです。

アメリカは政権が変わると、役所のトップの5000人が入れ替わります。政治任用されていた人たちがガラリと入れ替わるのです。例えば民主党から共和党に政権が変われば、民主党で政治任用されていた人たちから共和党の政治任用された人に変わるわけです。それをトランプは5万人も替えると言っています。

トランプは5000人の役所のトップだけでなく、その下の役人も替えるというわけです。それは、その下にいる役人たちが、影の政府の実行部隊、ディープステートだからという理由です。

さらに、「政府の役人はワシントンにずっといるから民主党支持者である」とトランプは決めつけます。「民主党のディープステートなんだから、5万人を全部クビにして、自分に対する忠誠心で新たに役人を選べば、ディープステートは倒せる」とトランプは考えています。まさに陰謀論です。

5万人のクビで大混乱になるアメリカ

編集部　5万人を替えたら、現場が回らなくなりませんか？

池上氏　だから、トランプを支持するシンクタンクが、トランプ政権になったときのために役所の幹部を募集しています。これまで8000人ほど応募があったそうです。

しかし、その人たちは役人だったことはないわけです。アメリカの政治や行政を動かしたことのない素人が、トランプの熱烈な支持者というだけで、役職に就くのです。

トランプが大統領になったら大変なことになります。アメリカの行政は麻痺します。外交や防衛、貿易などに、トランプの忠誠心だけで選ばれた外国との交渉をしたことのない人たちが担当することになります。大混乱になることは間違いないでしょう。

トランプの基本にあるのは、恨みと怨念と復讐心です。「本来であれば2020年に自分が大統領に当選できたはずだったのに、それが盗まれてしまった」、「それをやったバイデン政権は絶対に許せない」、「自分を起訴し罪に問うている、絶対許せない」、「大統領になったらバイデンを何とか捕まえさせよう」と思っています。

FBIの幹部も挿げ替えて、トランプのいうことを聞くものだけにして、それで「バイデンを逮捕しろ」とか、あるいは「バイデン政権を支えていた連中をみんな罪に問え」とか、そういう復讐心に燃えています。

編集部　しかし、トランプが大統領になっても、アメリカの大統領は3期できないはずですから、4年後には、またガラッと変わってしまいますよね。

池上氏　そのとおり4年間しかありません。だからこそ、その4年間を自由にやろうということです。

アメリカの中間層はどこへ行ったのか

編集部　アメリカは左右に分断しているといいますが、それでも、中間層はいると思います。その人たちは、2024年の大統領選挙をどのように考えているのでしょうか？

池上氏　困っています。中間層で2020年にバイデンに投票した人は、トランプを大統領にしたくなくて投票しました。バイデンの役目はトランプを大統領にさせないことでした。しかし、2020年にバイデンが勝つことで、この役目は終わったのです。

トランプを大統領にしたくなくてバイデンに投票した人は、バイデンは2024年には大統領候補にならないだろうと思っていました。２期目はなくて、誰かに譲るだろうと思っていたのです。それなのに、「譲らないでそのまま出てくるんだ」と愕然としています。

編集部　民主党の中にはバイデンを超える候補はいないのですか？

池上氏　若手は何人か、有力候補はいます。しかし、その若手が名乗りを上げると民主党が分裂してしまいます。

バイデンが出ようとしているときに、自分（若手）が出ようとすると民主党が分裂します。党が分裂したらトランプに勝てません。だから能力のある若手は、いまは我慢のときだと自粛しています。そして、２０２８年の大統領選を狙っています。

例えば、カリフォルニアのニューサム知事は、若手の中で非常に人気がありますが、彼も今回は見送っています。

編集部　バイデンは高齢で、いつ倒れるか分からない状況です。それを危惧してバイデンを替えた方がいいと思っている民主党の幹部はいないのですか？

池上氏　表向きは出ませんが、秘かに思っている人たちはいるでしょう。民主党の党大会は8月です。まだ数カ月ありますが、何が起こるか分かりません。バイデンが倒れたり、ケガをしたり、認知症になったりということがあるかもしれない。

そうなった場合は特例があって、党大会で民主党全国委員会の幹部たちが、他の候補を立てて、それを承認してもらうという奥の手があります。

バイデンが元気で党大会に出てきたら止めることはできませんが、バイデンがどこかの段階で辞退するとなれば、そうなります。民主党内にそれを期待している人たちは多くいると思います。

Z世代の投票行動が新しい大統領を決める!?

編集部　池上さんが、いくつかの雑誌の記事で、バイデンがイスラエルのガザ侵攻を支援したことで、2020年にバイデンを支持したZ世代の若者が離れつつあるということを書いています。これに対して、民主党の幹部に危機感はないのでしょうか?

池上氏　あります。だから、バイデン政権はイスラエルの首相のネタニヤフに、攻撃するときは住民を避難させてからするように求めたり、イランがイスラエルにミサイルを撃ち込みましたが、それに対して報復はやめるよう説得したり、と必死なって拡大しないように努めています。

そうでないと、Z世代がバイデンへ投票してくれなくなるので、相当危機感を持っています。だからこそ、民主党の上院のトップがネタニヤフ首相を、口を極めて批判しました。本来ならアメリカの政治家がイスラエルを批判することはありませんが、「ネタニヤフはガザ侵攻を止めるべきだ」と発言しています。

バイデンが言えないので、代わりに言ったように思えます。このように民主党全体がイスラエルのガザ侵攻とそれによるZ世代の離反に危機意識を持っています。イスラエルをずるずる応援していると、選挙で負けると……。

編集部　**アメリカのZ世代は心情的にパレスチナを応援しているのですか？**

池上氏　民主党の政治家も共和党の政治家も、第二次世界大戦でユダヤ人が迫害され虐殺されたホロコーストの記憶が残っています。さらに、ユダヤ人はアメリカに多くいますし、政財界で大きな影響力を持っています。

だから、民主党も共和党もイスラエル全面支持ということに変わりはありません。私はこれまでアメリカの党大会を取材していますが、民主党の党大会でも共和党の党大会でも、参加者の中には「イスラエルと共にあり」というバッジを付けたり旗を持った人がいます。

しかし、Z世代の若者にとって、ユダヤ人の迫害や虐殺は遠い昔の話なのです。さらに彼らは現在、SNSで、ガザで子どもたちや女性が次々死んでいくのを見ているわけです。だから、彼らは「イスラエルはなんであんなことをするんだ。酷いじゃないか」と思います。そして、イスラエルに支援したり、武器を送ったりしているのはアメリカです。Z世代には、バイデンが、ガザで子どもたちを殺している側を応援していると見えるのです。だから、「そんなのは許せない」となります。

編集部　**Z世代にとってバイデンも悪いけれど、トランプはもっと悪いとならないのですか？　トランプもイスラエルを応援しています。**

池上氏　そこです。いまは、トランプは嫌だ。でも、バイデンも嫌だ、と彼らはなっています。しかし、11月の大統領選挙が近づいてくると変わるかもしれないと民主党は思っています。トランプはイスラエル全面支援ですし、もっと徹底的に攻撃しろと言っています。さらに、国連パレスチナ難民救済事業機関（ＵＮＲＷＡ）への支援金をトランプは大統領時代に止めています。

だから、トランプが大統領になれば、ガザがより酷くなるのは明らかです。そのため、バイデンから離れつつあるＺ世代が、トランプを当選させないために、嫌だけどバイデンに投票するということはあり得ると民主党は希望的観測を持っています。

これは、わかりません。

編集部　そうなると、バイデンは今後、イスラエルにプレッシャーをかけてガザ侵攻を止めさせるということもあり得るわけですね。

池上氏　そうです。

イスラエルと全面戦争はしたくないイラン

編集部　池上さんが、いくつかの雑誌の記事で、イランはイスラエルと全面戦争をしたくないから、イスラエルを攻撃はしないと書かれていましたが、実際はドローンを飛ばしてミサイルを発射しました。どうしてなのでしょうか？

池上氏　イランはシリアの大使館をイスラエルに攻撃されたわけです。大使館の中の領事部が破壊されて、革命防衛隊の幹部が殺されました。

シリアのイラン大使館はイラン領なのです。在外公館の敷地はその国のものです。イランにしてみれば、イスラエルがイランの領土を攻撃したとなります。だから、イランがそれに対してイスラエルの領土を攻撃するのは国際法上、当然の権利ということです。そのような理屈になるわけです。

また、イラン国内にイスラエルに報復しろという声が強いので、政権を維持するためにはイスラエルに攻撃せざるを得ないということもあります。

だけど、それによってイスラエルがまた攻撃してくると、泥沼になり、第五次中東戦争になりかねません。イランはそれを望んでいません。

だから、今回の場合は、そもそも、攻撃する72時間前に周辺諸国に、イスラエルを攻撃すると伝えています。それがあったから、アメリカはイランが攻撃してくると言っていたのです。

このことは間接的にイスラエルに伝わります。イスラエルには直接言わないけれど、周りの国に伝えれば、イスラエルにも伝わります。それは、イランがイスラエルに「攻撃するから準備をしておいて」と言っていることと同じです。

今回、イランの攻撃はミサイルよりもドローンの方が多かったのです。イランは攻撃してから、攻撃したことを発表しています。ドローンはスピードが遅いですから、イスラエルの領内に届くまで3時間くらいかかります。

イランの攻撃発表は、3時間後にドローンがイスラエル領内に届きますよというイスラエルへのメッセージなのです。「攻撃はするけど、被害がなるべく出ないようにするから、対処してね」というメッセージです。

実際、ドローンはイスラエル領内に届く前にイスラエル軍やアメリカ軍に多くが撃墜されています。イランの攻撃は国内向けのポーズなのです。

ヒズボラを潰したいイスラエル

編集部　確かに、イスラエルの被害もほとんどありませんでしたしね。一つ疑問があります。なぜ、イスラエルはシリアのイラン大使館を攻撃したのでしょうか？

池上氏　シリアのイラン大使館にはヒズボラとの連絡調整要員がいるからです。イスラエルがハマスを攻撃しました。そうしたら、イスラエルと国境を接しているレバノンのヒズボラが、イスラエルにロケット弾を撃ち込むようになったのです。

ハマスはイスラム教スンニ派で、ヒズボラはイスラム教シーア派です。だから派は違うのですが、反イスラエルという点で敵は共通しています。

イスラエル軍がハマスを攻撃しているときに、北部でイスラエル軍にロケット弾を撃ち込めば、イスラエル軍の一部はそちらに対応せざるを得なくなります。そうなると全面的にハマスを攻撃できなくなります。このような形でヒズボラはハマスを支援しているわけです。

これによって北部では8万人のイスラエル人が避難しています。実際、ロケット弾でかなりのイスラエル人も死んでいます。だから、ネタニヤフはヒズボラを叩きのめさなければならないと考えて、ヒズボラにロケット弾を撃ち込んでいます。レバノン南部でヒズボラもかなり死んでいます。このヒズボラを支援しているのがイランです。もともとヒズボラを作ったのはイランの革命防衛隊なのです。

オスロ合意の前にPLO（パレスチナ解放機構）はヨルダンにいましたが、PLOはヨルダンからイスラエルを攻撃していました。それに対して、イスラエルはヨルダンのPLOに反撃しますが、それはヨルダンを攻撃することになるのです。ヨルダンにPLOはいますから。

それに怒ったヨルダンの国王がPLOをヨルダンから追い出しました。その連中がレバノンの南部に移り住んだのです。そのため、イスラエルはレバノン南部に空爆をします。それによって多くのレバノン南部の人々が死んでしまいます。

これを見ていたイランが「ここに反イスラエルの組織を作る絶好のチャンスだ」として、ヒズボラという武装組織を作りました。

だから、イスラエルは、そのヒズボラとの連絡調整役の幹部がいるシリアのイラン大使館を攻撃したのです。

個人的利害のために戦争を継続したいネタニヤフ？

池上氏　さらに、このような見方もあります。ネタニヤフは現在、贈収賄事件の被告になっています。その裁判が、戦争中だからということで止まっています。これが停戦になり戦争が終わると、ネタニヤフは首相を退陣せざるを得なくなり、裁判にかけられることになります。

そして、ネタニヤフには、ハマスのイスラエルへの攻撃を防げなかったとイスラエル国内で批判も多くありますから、やめざるを得なくなります。

裁判にかけられるとネタニヤフは有罪になるだろうと言われています。戦争が続いている限り、首相の座に座っていられるのです。戦争が続くことはネタニヤフの個人的利害とも一致します。

いまのイスラエルは戦時内閣です。ハマスとの戦争が終わっても、ヒズボラとの戦争が続けば、戦時内閣でいられるわけです。戦争が終われば、内閣は解散せざるを得なくなり、ネタニヤフも首相の座を降りることになります。

そもそもハマスとの戦いは戦争といえるのかという疑問はあります。戦争という定義は国家と国家の戦いです。ハマスは国家ではありません。それをネタニヤフは戦争だと宣言して、戦時内閣を作ってしまいました。

イスラエルの憲法で、首相が戦争と宣言すれば戦時内閣ができて、かなりの権限が首相にゆだねられます。だから、裁判が止まっています。

日本人は戦時内閣といっても、ピンと来ないかもしれません。戦争を放棄していますから。しかし他国は戦争が起こると、戦争を遂行するためだけの内閣、戦時内閣を作るわけです。

編集部　ネタニヤフは自らの利害のために戦争をしているということですね。

池上氏　これはあくまで推測です。しかし、そのように見えるのです。イランの大使館を攻撃するのはウィーン条約違反です。国際法を破っているわけです。ここまでして緊張関係を作るのは、なにかしら裏の意図があるのでは、と考えられるのです。

ネタニヤフが嫌いだが、親イスラエルのトランプ

編集部　そのネタニヤフに対してトランプは全面的に肯定的なのですか？

池上氏　最初は違いました。トランプはネタニヤフに対して個人的な恨みを持っています。

　トランプは大統領の時にイスラエルを全面支援していました。そして、アメリカ大使館をテルアビブからエルサレムに移しました。そこまでネタニヤフのためにしてやったのに、バイデンが大統領に当選した途端、ネタニヤフはバイデンに祝福の電話をかけているのです。その時はまだ、トランプは「俺が勝ったんだ、選挙を盗まれたんだ」と強く主張していた時でした。だから、トランプはネタニヤフを「裏切り者」と根に持っています。

　トランプはハマスにイスラエルが攻撃された時、ネタニヤフを非難しているくらいです。その後、トランプの周辺がイスラエルは支援しなければいけないと忠告したため、トランプはしぶしぶイスラエルを支援するといっていますが、ネタニヤフを支援するとは言って

いません。

編集部　そうすると、Z世代はトランプの方が、バイデンより親イスラエルではないと見えるのでしょうか。

池上氏　そんなことはありません。トランプはイスラエルべったりです。さらにいうとトランプの孫は全部ユダヤ人です。

ユダヤ人の定義ではユダヤ人の母親から生まれた子どもは自動的にユダヤ人になります。あるいはユダヤ教に改宗した人もユダヤ人になります。

トランプの娘のイヴァンカはユダヤ人のクシュナーと結婚しました。その時、クシュナーの願いでイヴァンカはユダヤ教に改宗しています。そのためイヴァンカから生まれる子どもは、みなユダヤ人になります。

また、トランプの前々妻の間に生まれた男子はすべてユダヤ人の女性と結婚しています。だから、生まれてくる子どもはユダヤ人です。

だから、トランプの孫は全部ユダヤ人になるのです。トランプは、ネタニヤフは嫌だけど、親ユダヤ人であり、親イスラエルです。

福音派の人たちも親イスラエルです。福音派は聖書に書かれていることを一字一句信じている人たちです。旧約聖書には「神様がユダヤ人に約束の地、カナンの地を与える」と書いてあります。そのカナンの地にイスラエルができました。

神様がユダヤ人にイスラエルの土地を与えたのだから、その神様のいいつけを守らなければならないと福音派の人たちは考えます。

さらに、イエスが天国に召された時に、そこにはユダヤ王国がありました。そして、この世の終わりが来てイエスが再臨するときに、ユダヤ人の国がないとイエスは再臨できないと信じています。

だから、二重の意味で、福音派はイスラエルを全面支援しているのです。そして、ガザ地区もカナンの地なのです。

ちなみに、ネタニヤフ政権を支えている極右の政党がありますが、彼らはガザ地区を神様からユダヤ人に与えられた土地だからパレスチナ人に与えてはいけない、イスラエルが支配すべきだと考えています。

だから、ヨルダン川流域に入植者がいるのです。あれはオスロ合意に反しています。しかし、神様から与えられた土地だから、パレスチナ人を追い出して、自分たちが住まなければならないと信じているのです。

この入植に対して、トランプは大統領の時に止めることはしませんでした。その前のオバマ大統領は入植を否定しましたが、そうではありません。トランプも福音派の支持が欲しいですから、入植を肯定的に見ています。

ヨーロッパ全体がロシアに取られても構わないトランプ

編集部　トランプは大統領になったら、ウクライナ戦争を1日で終わらせるといっていますが、可能なのでしょうか？

池上氏　ウクライナ支援をすべて止めるということです。そうなればウクライナは戦う力はありませんから、降伏せざるを得ないでしょう。

編集部　それは、これからの世界にどういう影響を与えるのでしょうか？

池上氏　もしトランプがそのような行為をすれば、力で他国を侵略していいというお墨付きをアメリカが与えることになります。そうなれば、中国の台湾への軍事侵攻や、ロシアによるさらなる拡大、例えばバルト三国への侵略も止められなくなってしまいます。

バルト三国にはロシア人が多く住んでいますから、そこにロシアが侵略してくるかもしれないと、恐怖が広がることになるでしょう。

編集部　バルト三国はNATOに入っているはずです。ロシアがバルト三国と戦えば、NATOとの戦争になってしまいますが、ロシアはそこまでやるでしょうか？

池上氏　トランプは大統領の時代からNATO脱退を言っています。もしアメリカがNATOを脱退すれば、NATOがロシアに対抗できる力はないでしょう。

編集部　トランプは世界を不安定にするまでやる人間なのでしょうか？

池上氏　そういう人物です。アメリカ・ファーストですから。トランプは大統領になった時にNATOの説明をされて、こう言ったといいます。

「なぜ、ラトビアが攻撃されたら、アメリカが守ってやらなければならないんだ。ラトビアなど、アメリカと関係ないじゃないか」と。

トランプにとって、ヨーロッパが全部ロシアになっても、「知ったこっちゃない」ということです。アメリカ・ファーストですから。ここが怖いところです。

池上彰（いけがみ・あきら）

1950年生まれ、長野県出身。慶應義塾大学経済学部卒業後、NHKに入局。松江放送局、広島放送局呉通信部を経て、東京の報道局社会部、警視庁、気象庁、文部省、宮内庁などを担当し、報道局記者主幹に。その後94年より11年間『週刊こどもニュース』のお父さん役として、多様なニュースを解説、人気を博す。2005年の退局後はフリージャーナリストとしてテレビや新聞、雑誌など各メディアで活躍。現在、名城大学（教授）、東京工業大学（特命教授）など5つの大学で教えている。著書は最新作の『新・世界から戦争がなくならない本当の理由』（祥伝社新書）はじめ多数。

第二章　トランプで世界はどう変わるのか

佐藤　優（作家）

佐藤優氏（作家）インタビュー

トランプで群雄割拠になる世界
戦略的転換を図った
日本外交で乗り切れるか⁉

確実に弱くなったアメリカ。トランプの再登場で世界は、今まで以上に群雄割拠の時代に突入する。負け組の日本は、いかにしてその時代を生き抜くのか。価値観外交から勢力均衡外交へ大きく舵を切った日本の外交戦略。その外交戦略の転換は吉と出るのか、凶と出るのか？　日本外交を深く読み解く佐藤優に聞く！

（２０２４年４月23日取材）

アメリカに、ウクライナに勝たせる気はもともとない

編集部　「もし、トランプが大統領になったら、世界はどうなるのか、日本への影響は」をテーマに佐藤さんにお話を伺いたいと思います。現在トランプは大統領になったら1日でウクライナ戦争を終わらせると話していますが、それについてはどうお考えでしょうか。

佐藤優氏（以下、佐藤氏）　トランプは「1日で終わらせるという意思を表明」をしたのです。それが可能なのは、ウクライナは、アメリカの軍事支援なしでは戦争を継続できないからです。ウクライナには当事者能力がありません。ですから、終わらせることはできます。ただしその方法については、トランプは全く白紙です。

編集部　具体的な想定なしに、トランプは発言しているということですか？

佐藤氏　そういうことです。この戦争をやめさせようという動きは、すでにバチカンもイ

ニチアチブを発揮していますし、日本も殺傷能力のある兵器を送っていません。

そう考えると、仲介国の地位を取ることができるのは、例えば日本、あるいは中国です。トランプはそういった国々の力を借りながら、軟着陸させるしかできないでしょう。

編集部　アメリカの議会でウクライナへの再度の援助が近々決まると思いますが……（24日に決議）。

佐藤氏　焼け石に水です。この戦争の基本構造を理解しないといけません。最初からアメリカにはウクライナに勝たせる意思はありません。

編集部　勝たせる意思がない？

佐藤氏　この戦争の目的はウクライナに勝利させることではありません。アメリカの目的はウクライナを使ってロシアを弱体化させることです。

なぜ、そういえるかというと、ウクライナを勝利させるためには、ウクライナが要求する量の兵器を、ウクライナの要求するスピードでアメリカが供給すればいいのです。

そうなれば、クリミアのセヴァストポリ軍港を攻略することができます。ただし、セヴァストポリ軍港を攻略してウクライナが支配する可能性があるときには、メドヴェージェフ前大統領が核兵器を使うといっているように、ロシアはそれを実行します。

もちろんアメリカは、核戦争が嫌です。ロシアの核爆弾が自分の国に飛んでくるのは、当然避けたい。だから、モスクワやレニングラード、サンクトペテルブルクを攻撃することはもちろん、クリミア半島の奪還ということもアメリカの戦略目標に入っていません。

その限定された枠の中でのみウクライナを支援するということは、結論からいうと、ウクライナの勝利は最初から考えていないということです。当初からアメリカによって「監理された」戦争なのです。

アメリカにとって、ウクライナを利用してロシアを弱体化させることがこの戦争の目的です。ところが長期化するにつれて、逆に生産力の差が出てきて、アメリカの方が弾切れに陥っています。ですから、アメリカはその当初目的も達成できません。

したがって、この戦争は遅かれ早かれ、ウクライナ側が劣勢な状況で手打ちするしかないというのが構図です。それがトランプになれば早くなる。バイデンになれば遅くなる。

それだけの違いです。

編集部　どちらにしろ、ウクライナが勝てる見込みはそもそも最初からないと……。

佐藤氏　最初からありません。しかもこの戦争は道義的にもおかしいのです。もし民主主義や自由が大切であるならば、アメリカは核戦争を覚悟してでもやるべきだし、アメリカ自身が乗りださないといけません。

もし、そこまで追求する価値がないのであれば、それは折り合いをつけないといけない。それだけの話です。その意味においては、トランプは折り合いをつけることで、バイデンの異常な軌道から、国家間関係を正常な軌道に戻そうとしているだけです。

トランプはハマス掃討には全力を挙げて支援する

編集部　バイデンのウクライナ支援の仕方がそもそもおかしかったということですね。イスラエルに関してはどうなのでしょうか。

佐藤氏　トランプは〝イスラエルがハマスを掃討する〟ことに関しては全力を挙げて応援をします。ただしそれを拡大して、イスラエルとパレスチナの全面戦争、あるいはイスラエルとイランの戦争に拡大するような事態に関しては、トランプはサポートしません。
　また、イスラエルもそれ望んでいませんから、そのようなことは起きません。ですから、この紛争は極限化されます。

編集部　**ネタニヤフのガサ侵攻の狙いはどこにあるのでしょうか？**

佐藤氏　テロリスト集団、ハマスが2023年10月7日に「ユダヤ人であるならば赤ん坊を含め絶滅させる」と、ナチスと同じような行動に出ました。
　イスラエルは、こういうような集団と併存することはできません。だから、ハマスを完全に中立化する。これはイスラエル全体の意見として一致しています。
　ですから、ネタニヤフであろうがなかろうが、ハマス掃討作戦は、イスラエルの国家意思として国が一丸としてやります。だから止まりません。

編集部　ハマスを壊滅させるまで戦争をするということになりますが、実際に可能なのでしょうか？

佐藤氏　問題は、どのレベルまでハマスを壊滅させるかです。ハマスの武装集団ならばすでに解体されています。

ただイスラエルとしては、その根っことして、潜在的に〝力によってイスラエルを消滅させようと思うハマス〟までも滅亡させようとするのであれば不可能です。だから、どこかで折り合いをつけないといけません。

客観的に見て、すでにイスラエルがひとつの目標としている〝ハマスの武装集団が再びイスラエルを攻撃することはできない状況〟を作っています。だから、イスラエルからすれば戦争を終結させてもいい客観的な条件はあります。

しかし、問題は西側諸国がこのイスラエルの論理を理解しないで人道介入をしていることです。たとえばＩＣＪ（国際司法裁判所）を通じて、イスラエルのガザ侵攻は、ジェノサイドであるといってくるわけです。イスラエルからすれば、西側が信頼できないとなります。これがイスラエルの姿勢を頑なにしているわけです。だから、ハマスを根絶やしにしなければならないとなっているのでしょう。

イスラエルの目標に西側の仲介は関係ない

編集部　そうするとイスラエルは西側に仲介してもらって、どこかで折り合いをつけさせてくれと考えているのでしょうか?

佐藤氏　違います。ネタニヤフだけではなく、イスラエル全体の目標は、ハマスという集団を中立化させることです。ハマスは、「ユダヤ人がユダヤ人であるというだけで存在してはいけない」と主張しています。

中立化とは、殺してもいいし、帰順してもらってもいいし、外国に逃げてもらってもいいのです。イスラエルはその目標を追求しているだけです。だから、それには西側の仲介とか、武力支援とかは関係ありません。イスラエルはそれをやり遂げるだけです。

思想を持つだけであれば自由です。それが武装集団として、行動に移さなければいいのです。ハマスの武装勢力が、イスラエルを力によって覆すことはできないという環境が作られることです。現時点においては、その環境がイランの支援などがあるため、できていないとイスラエルとしてはみているわけです。潜在的な能力があるかどうかは、イスラエルの判断によります。

これについては、1961年にイスラエルのエルサレムで行われたアイヒマン（ゲシュタポのユダヤ人移送局長官）裁判のときのハンナ・アーレント（哲学者）の報告『エルサレムのアイヒマン』（みすず書房）を思い出していただきたい。この裁判でアイヒマンは、「鉄道のダイアグラムをひいていただけでユダヤ人を殺したこともなければ収容所長も務めてない」と証言しました。これに対して、ハンナ・アーレントは、「政治は子供の遊びではない」と、以下のように、アイヒマンが絞首されるべき理由を述べたのです。

「君（アイヒマン）が大量虐殺組織の従順な道具となったのはひとえに君の不運だとしよう。その場合でもなお、君が大量虐殺の政策を実行し、それゆえに積極的に支持したという事実は変わらない。政治において服従と支持は同じものなのだ」

だから、アイヒマンが〝ユダヤ民族とともに地球上に生きることを望まない政策を支持し実行した〟からこそ、私たちは、あなたたちと一緒に生きていくことはできないのだと。

「これが、君が絞首にされねばならぬ理由、しかもその唯一の理由である」と述べたのです。この理屈です。ハンナ・アーレントが『エルサレムのアイヒマン』で唱えたことと同じことを、ハマスに対してイスラエルは唱えて実践しているだけです。

これは、ユダヤ人国家が存続して、そこでユダヤ人がユダヤ人として生き残るためには絶対に必要なことです。ですから、この問題に関しては、〝パレスチナの地にユダヤ人国家は存在していい〟と考えるかどうかによって、全く立場が違うことになります。

ハマスに同情的な人たちは、究極的には、〝イスラエルは西側の最後の植民地であるから、あそこに存在してはいけない〟と言っていることになります。それはイスラエルから見ればナチスと同じ論理になります。イスラエルとハマスは共存できないのです。

ハマスの論理はユダヤ人の殲滅

佐藤氏　繰り返しますが、2023年10月7日にハマスが行ったことは何か。

ユダヤ人の赤ん坊を焼き殺す、首を切って殺しているのです。赤ん坊には何の責任もありません。赤ん坊たちが殺された理由は、ユダヤ人という属性だけです。

一部の人は、「イスラエルがパレスチナの人々を皆殺しにしているじゃないか」といいます。しかし、パレスチナとイスラエルは戦ってはいません。イスラエルが戦っているのはハマスです。

いままでイスラエルは、ハマス内の武装集団だけを敵対対象としていました。しかし、10月7日のテロ以降、イスラエルは、ハマスというシステム自体を問題にしています。

ですから、戦争の当初、イスラエルは、ガザ北部の住民に対して「南部に逃げろ」と呼びかけました。〝南部に避難した人はハマスとみなさない〟ということです。一方、〝残っている以上はハマスとみなされる可能性がある〟と。そして、掃討作戦を展開したわけです。

じゃあ、お互いに皆殺しをやって、お互いに属性を排除し合うしかないのかというと違います。それは、ドイツ人という属性と、ナチスの属性を比べてみればわかります。ドイツ人をやめることはできませんが、ナチスをやめることはできます。同じようにユダヤ人はやめることはできませんが、ハマスはやめることができます。

だから、ハマスがユダヤ人の存在を認めない以上、ユダヤ人はハマスの存在を認めることができません。これは当然です。ハマスはやめることができるわけですから。だからハマスをやめればいいのです。

もし、ハマスをやめずに続けたいのであれば、ユダヤ人を皆殺しにするしかありません。そういう構図です。お互い皆殺しということを主張している以上、どちらかが完全に潰されるまで、これは続きます。

編集部　**これについてはトランプもバイデンも同じように見ているということでしょうか?**

佐藤氏　はい。ただし、トランプの方が、この見方はしっかりしています。トランプは、この事情を基本的によくわかっています。あの人は直感的に物事の本質を捉える力があります。だから、ハマスの中立化に関しては全力を挙げてトランプは支持するでしょう。その方が最終的な犠牲者も少ないはずです。

このことをバイデンはよくわかっていません。当初、バイデンはウクライナ戦争とハマス掃討作戦を一緒にして論じていました。「ハマスとプーチンは同根だ」と。国家間戦争とテロリストの掃討作戦は違います。

当初から、アメリカが中途半端な態度を取らずに、テロとの戦いを断固やっていくという姿勢を示していれば、この問題はもっと早く解決しましたし、もっと犠牲者は少なかったはずです。

「パレスチナ人とユダヤ人の戦い」ではない

編集部　アメリカでは、パレスチナ人を応援する人たちがバイデンの民主党の中にいるので、彼もイスラエルに停戦を求めざるを得ないのではないでしょうか？

佐藤氏　「パレスチナ人とユダヤ人の戦い」と見ている限りにおいては解決しません。ハマスはパレスチナ人も殺しています。ハマスは暴力によって権力を乗っ取っているテロリスト集団です。だから、ハマスとパレスチナ人を一緒にしてしまったら、この問題は見えません。

基本的なフレームが日本でもわかっていない人が多いです。もしパレスチナとイスラエルが戦っているのであれば、イスラエルは西岸にも同じ作戦を展開しているはずです。しかし、そうではありません。イスラエルはパレスチナ人の排除を考えていません。

ガザ地区を「天井のない牢獄だから」という日本人がいますが、そうなったのは、ハマスが自爆テロをしたからです。実際、あそこに壁を作ったら、自爆テロはなくなっています。壁が作られた原因はハマス側にあります。

それにイスラエルの国民のうち2割がアラブ人です。これらのアラブ人はキリスト教徒です。パレスチナ人はアラブ人ですから、パレスチナ人絶滅戦を展開した場合、国内のアラブ人たちとの関係は非常に緊張します。

ユダヤ人は宗教上、金曜日の日没から土曜日の日没までは仕事ができません。だから、この期間はホテルの従業員も全員アラブ人に代わります。イスラエルは、このアラブ人のキリスト教徒たちを統合しないと国家運営は成り立ちません。

イスラエルのお札（シェッケル札）を見ていただくとわかりますが、そこにはアラビア語とヘブライ語の両方が書いてあります。イスラエルではアラビア語は公用語なので、アラビア語だけ話す人たちも行政サービスを受けられます。

ですから、イスラエルでは反アラブという姿勢を取ることはできません。そもそも、ハマスが台頭するまでは、ガザ地区のパレスチナ人とイスラエルのユダヤ人は良好な関係を保っていました。多くのパレスチナ人もイスラエル本国で働いていました。

それができなくなったのは、ハマスの台頭なのです。ハマスは、パレスチナ人をも含めて多くの人々を虐殺して権力を握ったのです。

ただし、ハマスが行政を握っている以上、そこには公務員もいればお医者さんもいます。学校の先生もいます。しかし、その人たちがハマスというシステムをサポートするなら、イスラエルは妥協しません。彼らも中立化の対象にしているのが現状です。

だから、第三者がいいかとか悪いとか、そういうような価値観をもってきても現実には全く影響を与えません。今回の掃討作戦の終結はどこにあるのか、イスラエルしか判断できません。

イスラエルにとって、国際社会の圧力も判断材料のひとつといえますが、現時点においての、この程度の圧力のかけ方は、逆にイスラエルを硬化させています。だから今後マイナス連鎖が続いていく可能性が高いです。

脅威は「意思×能力」と捉えるトランプ

編集部　次に北朝鮮との関係についてお伺いしたいと思います。トランプは北朝鮮の持っ

ている核の保有を認めるのでしょうか？

佐藤氏　「認めない」と最後まで言いますけれど、実質として認めるでしょう。トランプの安全保障観は極めて単純です。脅威は「意思×能力」なのです。

現在、北朝鮮は核兵器と弾道ミサイル、そして巡航ミサイルを持っています。ごく近い将来、弾道ミサイルの距離を伸ばしてＩＣＢＭ（大陸間弾道ミサイル）にする、また、核兵器を小型化して、弾道ミサイルや巡航ミサイルに搭載可能になるかどうか、というところまで来ています。

トランプにとって、北朝鮮のこの能力を除去するためには、実力戦、いわゆる戦争をやらないといけなくなります。しかし、そのコストは大きすぎるため、やる気はありません。ならばどうするか？　意思を極小化するだけです。それは平たく言えば、〝友達になる〟ということです。このことはトランプ第１期政権でも示されています。

ヒラリー・クリントンは外科手術を考えていました。だから、当時の新聞や書籍を見ればわかりますが、自衛隊の幹部だった人たちが、「朝鮮戦争は間近である」と発言しています。確かにヒラリーだったら、そうなった可能性はありました。

しかし、トランプは金正恩と友達になることを選びました。それによって脅威を極小化するということです。

北朝鮮もトランプとした約束は、いまだに守っています。バイデン政権になっても、いまだに核実験はしていません。ICBMも撃ってはいません。これは、トランプとした約束です。トランプの認識としては「金正恩は約束を守る」となっていると思います。

ただし、トランプの意識するアメリカの防衛線は、アメリカのある北米大陸に、核を搭載したICBMが届かなければいいというものです。だからここが最終的な防衛線になります。そのため、ICBMだけを開発しないということだけ約束させて、それを検証可能にしておけば、あとはトランプにとって妥協可能な範囲になります。

だから「核兵器は認めない」と言いながら、事実上容認するという方向に行くしか、トランプの持っている選択肢はありません。

日本のチョイスは日朝の国交正常化

編集部　そうなると、日本が核を搭載したミサイルの脅威にさらされても、トランプは構

わないということになりますが……。

佐藤氏　そういうことです。日本全域は北朝鮮による核ミサイルの射程圏内に入ります。だから、日本は自分の頭で北朝鮮の脅威をいかにして極小化するかを考えなければなりません。

これは、申し上げるまでもないのですが、実力（軍事力）によって潰すことはできません。しかも軍事同盟国であるアメリカですらそこには踏み込みません。したがって、日本のチョイスは、それも一番簡単なチョイスは国交を正常化することです。

編集部　**北朝鮮と国交正常化ですか？**

佐藤氏　外交関係がある国を攻撃することはできません。しかも国連加盟国同士は紛争を武力によって解決することはできません。だから、日本と北朝鮮が外交関係を樹立することが、最大の安全保障になるわけです。

ちなみに、日本人のほとんどは忘れていますが、日本は朝鮮国連軍と地位協定を結んでいます。この朝鮮国連軍地位協定はいまでも有効で、朝鮮国連軍本部の司令部はソウルにありますが、後方司令部は横田にあります。

朝鮮国連軍地位協定だと、朝鮮半島が有事になった途端、日本は沖縄のホワイトビーチ、嘉手納、普天間、長崎の佐世保、神奈川の横須賀と座間、東京の横田、この7つの基地をただちに提供することになっています。これは、事前協議も必要ありません。

このことは外務省のホームページに出ていて閲覧できますから、北朝鮮も知っています。そうなると、朝鮮有事が起これば、この7つの基地を先制でたたくことは、戦時国際法上合法ですから、いつミサイルが飛んできてもおかしくないといえるのです。

編集部　それに対して日本をイージス艦で守ることはできないのですか？

佐藤氏　守れません。迎撃は不可能です。北朝鮮は30発ぐらいミサイルを持っています。30発を一斉に日本に向けて発射した場合、それらをすべてイージス艦では防ぐことはできません。

防げないことがわかっているので、日本は反撃能力を持っているわけです。攻撃がされたら北朝鮮にミサイルを打ち込むことで対応するということです。だから抑止力としての攻撃能力を持つのです。日本が反撃能力を持つと言っていること自体が、「守れない」ということの証左なのです。確実に防げれば、反撃能力を持つ必要はありません。

編集部　一応、日米同盟もあります。北朝鮮は、日本の軍事力をどのように見ているのでしょうか。

佐藤氏　北朝鮮は、最悪の状態を常に意識しています。日米同盟が機能していて、日本に攻撃した場合には、アメリカが反撃してくると考えています。

その場合は、アメリカ本土を攻撃する必要が出てきます。そのためにはＩＣＢＭを持つとともに、潜水艦でＳＬＢＭ（潜水艦発射型弾道ミサイル）を、アメリカの近くのところに沈めておいて、いつでも撃てるようにするという考えになります。

北朝鮮は日米同盟が機能していると考えています。どの国も脅威国に対してはそういう認識になります。

しかし実際に、アメリカが出てくるかどうかはわかりません。アメリカは、開戦には議会の決議が必要になります。

日朝間には細いパイプしかない

編集部　どちらにしろ、北朝鮮は最悪の事態を考えて、いろんな対策をしている、あるいは、しようとしているということですね。

佐藤氏　はい。だから、その最悪の事態が本当に起きないように、きちんと日朝間でチャネルをつくって、脅威の削減に努力しないといけないのです。

編集部　現在、日本には北朝鮮とパイプはあるのでしょうか？

佐藤氏　細いパイプはあるでしょう。２０２４年3月25日、26日の金与正の声明で、最近異なるルートから金正恩と岸田首相との会談の要請があった、ということを話しているので、パイプはあるということです。

ただし、きちんとは機能していないでしょう。パイプがきちんと機能していれば、平場（表立って）で確認する必要はないでしょうから。

つながってはいるでしょう。しかし、それが総理の意思を本当に体現しているものであるか、あるいは本当に日本が交渉に踏み込む意思があるのかどうかわからないから、彼女は25日に確認したのです。

すると、岸田総理は「前提条件を付けずに会談」と言っているにもかかわらず、その日のうちに林官房長官が、「拉致問題と核とミサイルを前提条件としてつけてきた」ということです。

このため、金与正は26日に〝これでは話にならない〟と日本側との交渉については、一切パイプを閉ざすということを言ってきたわけです。ですからまともに機能していません。

編集部　北朝鮮に日朝関係をつくる意思はないのでしょうか？

佐藤氏　交渉には「入り口論」と「出口論」があります。

入り口論というのは、なんらかの条件をつけて、その条件がクリアしてから交渉に入るということです。この入り口論は、両国の関係が圧倒的に離れているときにしか使いません。要するに最後通牒なのです。通常、入り口論は交渉をしたくないから、交渉をするふりをしているときに使います。

出口論というのは無条件で交渉を始めて、その中で折り合いをつけていくことです。ですから、通常交渉をするときは、出口論なのです。無条件で交渉を始めます。

岸田総理が「いかなる前提条件もつけずに」と言っているのは、常識的に考えれば出口論なのです。しかし日本の外務省や官房長官が言っているのは、前提条件がついています。北朝鮮側からすると、日本の首脳部から出ているシグナルが錯綜しているのです。

錯綜したシグナルの下ではゲームができません。ですから、北朝鮮は、どういうゲームをしたらいいのかの確認を求めているわけです。

編集部　**錯綜してしまっているのは、どうしてなのでしょうか？**

佐藤氏　複数のチャネルを使ったからでしょう。そして、総理サイドが新たな極秘チャネルを使っていることを、外務省と林官房長官に伝えてないからでしょう。だから裏でやっているとが平場に出てきた場合に、裏のことを知らない人は、平場での普段の応答をしてしまいます。だから、これは日本側の連絡の悪さということにつきます。

しかし岸田総理から言わせればそれなりに理屈があるでしょう。外務省は秘密を守れません。それだけの話です。通常こういうとき、北朝鮮ときちんとした裏ルートを持っていれば、〝日本の外務省は秘密を守れないから総理が極秘裏にやっていることなので、こんなことになってしまった〟と説明すれば先方も理解します。そういう意味で、裏ルートもしっかりしたパイプではないということです。

ちなみにロシアとの間ではこういうことは起きていません。ということは日本とロシアの間では裏のチャネルはきちんと機能しているということです。

トランプの目的はアメリカ人の雇用を増やすこと

編集部　続いて中国との関係ですが、トランプはどう考えているでしょうか。中国とは、トランプが大統領だった頃から対立しているように見えますが。

佐藤氏　基本的に対立しているのはお金の問題です。トランプの関心は雇用です。だから、中国に対して関税をかけるということですが、これは折り合いのつく話です。

編集部　60%の関税をかけるとトランプは発言していますが……。

佐藤氏　それは言い値でしょう。どこかで調整すると思います。トランプの目的は金をとることではありません。その関税によって、アメリカの産業を振興させて雇用を確保することです。彼は金に関心はありません。雇用です。

彼にとって重要なのは、彼の一番の支持層である、〝錆びたベルト（Rust Belt）〟の白人の、あまり教育の高くない人たちの雇用を確保することです。中国に関税をかけるのは、関税障壁を設けることによって、国内の産業を振興させることが目的です。

トランプの目指すものは、額に汗して働く人がお金を得られるアメリカです。だから、プラットフォームを作ってサブスクで金を儲けるとか。あるいは株を右から左に動かして金を儲けるとか、トランプはそういうのが嫌いなのです。

汗水流して働いている人にお金が巡っていくべきだと考えるのがトランプの発想です。

トランプは不動産産業をしていますが、不動産は地面があります。そこに建物をつくれば、雇用を生みだします。

編集部　トランプの狙いは雇用なのですね。

佐藤氏　はい。いま日本として一番危ないのは、日本とイギリスとイタリアの三国間で共同開発しようとしている戦闘機です。トランプはまだこの事実を知らないと思います。トランプは忙しいから、そんな細かいことまで知らないでしょう。もし、この計画を知った場合、トランプは、「それでアメリカの雇用はどれだけ増えるんだ？」とブレーンに聞くはずです。

一切増えないと言ったら、トランプは三国での共同開発にストップをかける可能性があります。そして、「アメリカ製の戦闘機を買え」と言ってくるでしょう。

編集部　雇用は票にもつながるということでしょうか？

佐藤氏　それはそうです。票が集まることからの発想です。彼は空洞化してしまったアメリカの産業を再び戻していく。トランプが考える「偉大なアメリカ」は、ものづくりができるアメリカなのです。

編集部　トランプの目指すものは１９５０年代のアメリカ。偉大な「グレートアメリカ」ということですね。

佐藤氏　というよりも21世紀型に刷新されたものづくりもできる「グレートアメリカ」です。だからトランプの鍵は、雇用なのです。

トランプ版聖書はアメリカを建国の理念に戻すことを意味する

編集部　しかし、雇用とイスラエルのことは発想が違うわけですね？

佐藤氏　違います。２０２４年3月30日にトランプが聖書を作りました。トランプ版の新しい聖書です。〝God Bless The USA Bible〟といいます。そこには、聖書と、トランプが登場するときにかかっている歌「God Bless The U.S.A.」というカントリーシンガーがつくった手書きの歌詞、それからアメリカ憲法と修正10条の権利章典、さらに、アメリカ独立宣言と国旗への忠誠を誓う宣誓文がついています。

このように聖書以外にも様々な文書がついていますが、このバイブルのポイントは聖書の文です。

通常、トランプを支持しているアメリカの宗教保守派の人たちは、現代アメリカの口語に訳されているリビングバイブルなどの聖書を使います。しかし、トランプの聖書はそうではありません。１６１１年にイギリスのジェームズ１世の指令で訳された欽定版です。これは、ピルグリム・ファーザーズが持ってきたものです。すなわちアメリカの建国の理念を表しているのです。

トランプはアメリカを建国の理念に戻すと、そうメッセージを送っているのです。そして、その上に独立宣言があり、憲法があり、そして国旗への忠誠がある。

これは、トランプ支持者の保守層を狙っているわけではなく、今のＬＧＢＴＱ＋が行き過ぎと考えていて、やはり家族がアメリカの基本じゃないかと考えている白人の中産階級を狙ったものです。そこの支持を伸ばそうとしているわけです。

トランプが目指しているのは、額に汗するものが報われるアメリカです。生まれたときから極端な格差があるのではなく、誰でも夢を見て、働いた者がそれを実現できるアメリカ、それがトランプが考えているアメリカ像です。

ニクソンも避けた宗教的対立を争点にしようとするトランプ陣営

編集部　初期の頃の聖書と、今の現代語訳された聖書はどこが違うのでしょうか。

佐藤氏　少し単語が違います。たとえば、「天にまします我らの父よ。願わくば御名をあがめさせたまえ」というのが、〝Our Father, who art in heaven, hallowed be thy name〟となります。are が artになっていたり、thyという言葉が使われていたりします。使っている単語が違います。

シェイクスピアの頃の英語が、中世英語の名残があるのと一緒で、古い英語です。日本だと古文みたいなものと考えるとわかりやすいでしょう。

その当時の聖書と現代語訳された聖書は意味的には一緒です。ただし、バイデンの聖書とは違います。バイデンはカトリックですから。別の聖書を使います。

聖書の巻数が違います。プロテスタントでは旧約聖書と新約聖書だけですが、カトリックではそれに旧約聖書続編が加わります。カトリック教会は、この旧約聖書続編を使います。だから、トランプとバイデンでは、大統領宣誓式のときに手を置く聖書が違うのです。

トランプは、トランプ版聖書で、アメリカの原点を持っているのは自分で、あのカトリックのバイデンではない、ということを言っているわけです。これは、ものすごく危険な争点です。

なぜなら、アメリカの歴史でカトリックの大統領はケネディとバイデンだけです。ケネディが出てきたときに、宗教問題が争点になりそうになりました。しかし、ニクソンが、「それを争点にするのはやめよう、アメリカが分断するから」と封印しました。

そのニクソンが封印した争点を、トランプは持ち出しているのです。「バイデンはカトリックだから」と。バイデンの聖書はアメリカの理念とは違うぞということを言っているわけです。トランプのブレーンが考えたのでしょうが、賢くて、なおかつ危険なゲームです。宗教によってもアメリカを分断しようとしているのです。

編集部　そうなんですね。

お粗末な日本のメディアと基本は外さない日本の外交

佐藤氏　しかし、日本のメディアは能力不足だから、これらの点は報道されていません。アメリカ大統領選挙で、アメリカがどういう方向に行くのかは、日本の運命にも関係するので、大切なことだと思います。

能力が不足している人がテレビや週刊誌などのメディアで何を言っても構いません。政権に影響を与えていませんから。

その点、岸田政権は全く間違えていません。岸田政権は、内閣情報調査室も国家安全保障局もしっかりしているから、基本は外さないのです。

２０２３年９月19日の国連演説で、岸田総理は、現状の問題を「イデオロギーや価値観で解決することはできません」と話しています。これは官邸のホームページを見ていただければわかります。

彼は、価値観外交を封印しています。さらに、その演説で「民主主義」という言葉は一度も使っていません。

その路線は今も踏襲されていて、2024年4月10日の日米首脳共同声明の「未来に向けたグローバルパートナー」の中でも、「民主主義」という言葉は一度も使われていません。「価値観」という言葉もありません。

編集部　しかし、アメリカのバイデンは「民主主義」を声高に主張していますが……。

佐藤氏　そうです。アメリカと日本は違う方向を向いています。しかし、重要なのは日米の合意文書です。合意文書に「民主主義」という言葉は入ってはいません。

2024年4月7日に『ワシントンポスト』に寄稿した論文の中で、秋葉国家安全保障局長は〝日本の意図を間違えないでほしい〟と書いています。

〝日本が考えているのは、抑止力を強化することによって権威主義国家を含む周辺諸国との対話を強化していくことだ〟と。すなわち、〝価値観によって中国や北朝鮮、ロシアを封じ込めるのではなくて、ロシアや中国や北朝鮮と交渉して折り合いをつけていく〟という方針を明確にしています。今の日本は価値観外交やっていません。

これもメディアが書かないのは、文献を読む力が弱いのと、官邸中枢の意向を知らないからです。

日本の主権が高まった日米同盟

編集部　日米は、反中、反ロシアで一緒にやっていくというイメージがありましたが……。

佐藤氏　全然違います。現在、日米同盟において、指揮命令系統から単一化していくとなっています。これは、いままでの日本の「教えた通りにやれ」という受け身の立場から、策定段階から一緒に加わっていけるということなのです。

そして日本が、トマホークなどの攻撃能力のある兵器を持つことができるようになりました。いままでは、もし日本が中国や北朝鮮を攻撃しようと考えたらアメリカにお願いしないとできなかったのです。攻撃能力を持つ兵器がなかったからです。

それが、日本もできるようになりました。同盟関係は、シニアパートナーとジュニアパートナーから構成されます。ジュニアパートナーはシニアパートナーに対して、一定の主権を譲ります。これはアメリカに対しては、ドイツにしてもフランスにしても一緒です。

しかし、譲る度合いがあります。今回の日米首脳会談の結果、日本の譲る度合いが減っています。これは対米従属度が強まっているということではなくて、日本の主権が高まっているということなのです。

なぜ、そうなっているかというと、全体から見て、アメリカの力が弱くなっているからです。もし、アメリカに力があり、ロシアがウクライナに侵略したら、モスクワに核兵器を落としてやるという迫力があれば、ウクライナ戦争は起きていません。もし、ハマスがイスラエルに対して攻撃をしかけた場合に、アメリカは徹底した空爆や海兵隊を派遣してくると思ったら、ハマスは攻撃しません。

撤退戦をしていたトランプ、拡張戦をしているバイデン

編集部　アメリカのバイデンは、弱くなっていることをわかっているのでしょうか？

佐藤氏　わかっていないと思います。わかってないからあそこまで手を広げているのでしょう。

編集部　トランプはどうなのでしょうか？

佐藤氏　わかっています。だからトランプは、アメリカ・ファーストという形の撤退戦をしているのです。

編集部　撤退戦……？

佐藤氏　これはオバマもわかっていました。オバマとトランプは、その意味では撤退戦をやっていたのです。それに対してバイデンは拡張戦をやっています。力もないのに。

バイデンはイデオロギー主導で外交を展開しています。イデオロギーで現実が見えなくなっているのでしょう。正しいアメリカのイデオロギーを持っていれば、それに各国がついてくると思っています。

しかし、その結果起きているのは、グローバルサウスの逆襲です。どの国もアメリカの言うことを聞かなくなっています。そして、結果としてグローバルサウスをロシア寄りにしています。結局、ロシアと中国とイランが利しています。実に愚かな外交政策です。

編集部　そうすると今、日本の外交の方がアメリカの外交よりも優れてるというふうに考えていいのでしょうか?

佐藤氏　明らかに優れています。なおかつ日本政府は冷静です。それから国民も冷静。戦争などしたくありません。問題は、メディアと専門家、いわゆる有識者が騒いでいることです。1932年に、「戦争はなぜ起きるのか」についてアインシュタインとフロイトの間で交わされた有名な往復書簡があります。その中でアインシュタインが言っているのは、〝戦争を起こすのはいわゆる知識のない無知蒙昧な民衆ではない、戦争を煽っているのは有識者である〟ということです。その通りだと思います。

日本政府は非常にしっかりしています。政府は安定的な外交を展開しています。特に首相官邸は。

岸田政権の外交は90点以上。中国とも戦略的互恵関係

編集部　しかし、岸田内閣の支持率は20％台です。

佐藤氏　確かに内政的にはそうでしょう。国民は外交に関心がありませんから。国民が外交に関心がないから、専門家集団が考えるままにできます。

だから、それは専門家集団の水準が高いっていうことです。特に内閣情報調査室は、この2年間のウクライナ戦争で一度も間違えていません。パレスチナでも間違えていませんし、日本のインテリジェンス部門は優秀です。

内政は別として、岸田政権の外交に関しては90点以上出していいと思います。たとえば、ロシアとの関係においても明らかです。日本はウクライナに殺傷能力のある兵器を全く送っていません。ということは、停戦交渉の際に仲介国の地位を取れるということです。

そもそも、日本はロシアに天然ガスの10％を依存しています。戦争が始まった時点では

8%でしたから増えているぐらいです。もし、突然ロシアのガスが入ってこなくなったら、おそらく、東京では夏に冷房の最低温度を30度以上に設定する必要が出てくるでしょう。そうなると、熱中症で数千人が死ぬことになりかねません。

政府の仕事は、国民の生命・身体・財産の順番で保全していくことです。ロシアから安定的にエネルギーを確保するということは国民の生命、身体を保全することになります。そして、高い値段のガスを買わなくて済むこと、経済を保全することになるわけです。

ですから、経団連から「岸田政権やめろ」という声は出てきていません。日本は資本主義国家ですから、問題ある政権になると経団連から倒閣の話になります。しかし、現在の経団連はこの政権で全く問題を感じていません。

編集部　もし、トランプ政権になった場合には、日本は中国とどう接すればいいのでしょうか？

佐藤氏　岸田総理がアメリカで習近平と会ったときに、戦略的互恵関係を構築しています。これは、第三国の問題、国際問題も含めて協力するということです。だから、お互いに利益のある分野においては協力していきましょうということです。

もちろん、尖閣問題や処理水問題など、利益が違うところにおいては、お互いの相違点を残しておいて、そこは争っていきましょうということです。全体的な関係はむしろ強化していくのです。だから、今後日程に入ってくるのは、延期になっている習近平の公式訪日をどのタイミングでするのかということです。

政府筋以外でも、公明党の山口那津男が中国に行って蔡奇と会っています。蔡奇は中国の序列は5番だと日本では過小評価されていますが、実質はナンバー2です。彼は、習近平の日程や情報をすべて管理する中央弁公庁のトップです。

だから弁公庁のトップと公明党の党首はパイプを持っているわけです。そういう意味において中国とは諸外国と比べて極めて良好な関係を維持しています。

価値観外交から勢力均衡外交への転換を示唆した秋葉論文

佐藤氏　先ほど話した『ワシントンポスト』の秋葉論文で書かれた〝権威主義国家を含めて対話を強化していく〟ということは、戦略的互恵関係の考えに結び付くものです。対立点はあってもお互いに利益になることは、それを極大化していくという考え方です。

要するに価値観外交を後退させたっていうことです。日本は個別の問題について自分たちの利益を追求していくということです。喧嘩するところは喧嘩して、利益になるものは利益を追求していくということで、歴史的には19世紀から20世紀の初めの、帝国主義的な勢力均衡外交に戻りつつあるといえます。

歴史的なことを、もうすこし秋葉論文から説明します。4月7日の秋葉論文はすごく重要な論文です。

明治維新後の日本は、経済と軍事の二本立てで外交を展開していきました。ところが太平洋戦争後、日本は基本的に世界共通の価値観をとるようになり軍事は抑えてきました。ところがウクライナ侵攻など力によって状況を変えるという世界が現出してきたので、日本も軍事の封印を少し解いたのです。

秋葉論文では「エピック」という言葉が使われていますが、それによって〝偉大な変化が生じるんだ〟としています。これは、勢力均衡外交への転換を意味します。

繰り返しますが、価値観外交から、勢力均衡外交への大胆な日本外交の転換を意味するのです。しかし、メディアも評論家もそれについていっていません。「エピック」という言葉を、秋葉論文で使っていることの大きな意味がわかっていません。

負け組だからこそ、日本は東南アジアとの関係をより強化していく

編集部　佐藤さんは雑誌で、東アジアではアメリカと日本だけ負け組になっていると指摘していますが……。

佐藤氏　日本は負け組ですから、譲歩すべきところは譲歩しないとダメです。すでにいろいろな面で譲歩は始まっています。安倍元総理は、２０１８年のシンガポール合意で北方領土の条件を４島から２島に下げました。それから韓国の尹政権に対して竹島を要求しなくなりました。

すでに日本の要求は下がってきています。これは正しいのです。弱くなったら下がらないといけません。岸田政権もそれはわかっています。もし、日本が強いと思っていれば、価値観一本で押していきます。しかし、勢力均衡的な外交に移ったのは、わかっているからです。

編集部　日本が戦略的に引いているということは、中国やロシア、そして韓国はわかっているといえるのですか？

佐藤氏　わかっています。わかっているが故に、日本は軽く見られない、日本は虚勢を張ってないと捉えていると思います。

現在、日本が目をつけているのはミャンマーやインドネシアです。マレーシアもそうです。欧米の人権基準や民主主義の価値観的からすると違う国です。そういう国との潜在的な可能性を強化しようとしています。

特にインドネシアに対しては、防衛装備移転三原則を緩めようとしています。インドネシアに限らず、基本的に東南アジアへの武器輸出を考えています。

アメリカの兵器の値段が高いのです。さらに価値観という観点から、アメリカはいろいろと注文をつけてきます。その隙間に中国が入ってきています。

武器販売のシステムというのは、レーザープリンターに近いものがあります。たとえばあるメーカーは、レーザーカラープリンターを4万円という破格な価格で売り出します。

ここでメーカーは利益を上げようとはしていません。しかし、トナーは2万8000円もするのです。トナーで儲けていくわけです。

武器もそれと一緒です。メンテナンスや弾薬などで儲けるわけです。アメリカの兵器は高いので、中国は初期導入費用を安く抑えて東南アジアの兵器市場に参入してきています。東南アジアの武器が中国製になってしまうと、中国の言うことを聞かざるを得なくなります。だから日本は東南アジアの防衛装備を日本仕様で固めたいのです。

今度インドネシアは首都移転しますから、高速鉄道も新たに必要になります。日本は、日本の高速鉄道、新幹線をインドネシアに導入したいと考えています。インフラ面でも軍備の面でも押さえておくことが、日本の安全保障と権益強化で非常に重要になります。

トランプで日米同盟は実質的に変質するだろうが具体的には未定

編集部　トランプが大統領になったら、日米同盟はどういう方向に進んでいくのでしょうか？

佐藤氏　日米同盟は変わらないと言いつつ、実質的には変質していくでしょう。しかし、具体的に何が起こるかはわかりません。トランプはその点において蓋然性の幅が広いのです。

だから、今この時点で、東アジアからトランプが米軍を引くかどうかについて確定的なことを言うことができるのは、嘘つきか、わかっていない人です。分析においては非常に重要なことは、現時点においてわからないことは「わからない」と、わからない理由を明示しておくことです。

これはまさにわかりません。トランプの属人的な判断によるところが非常に大きいからです。

ただし、大きな方向としてアメリカのプレゼンスが少なくなってきたのは確かです。かつては、〝アメリカは傭兵ではない、金なんか要らないんだ〟というのがアメリカのプライドでした。いまはそんなことを言っていられない状況です。

バイデンは虚勢を張っていますが、トランプは虚勢を張りません。〝ねえものは、ねえ〟とはっきり言います。

〝金が出せないんだったらロシアの勝手にする。NATOの同盟がどうなろうか、知ったこっちゃねえ。俺はもう力がねぇんだ。ない袖は振れねぇ〟と。だからトランプはわかりやすいのです。彼は折り合いがつけば余計な喧嘩はしません。

多くの人がトランプのことを〝異常人〟と思っていますが、トランプが再選されて1年も経てば、アメリカの名のある哲学者が、「トランプ革命の意義」みたいな本を書きますよ。

ヒトラーも権力をとるまで、〝あんなチョビ髭の伍長で、大学教育も受けてないやつに国家なんか運営できるわけがないじゃないか〟と、みんなせせら笑っていました。しかし、権力をとってしばらくしたら、ハイデガーが礼賛するわけです。そんなもんです、知識人という人たちは。

ただし、アメリカが弱体化しているのは確かです。この大きな傾向は変わりません。その末期への対処がバイデンよりもトランプの方が早く起きます。それは、私は悪いことではないと思います。

人間も悪性腫瘍が見つかったら、変な代替療法をやるよりも、きちんと標準治療を受けた方がいいのです。

トランプで世界は群雄割拠に。日本は個別利益を上手に得るべき

編集部　トランプになった場合のアメリカ経済はどうなるのでしょうか？

佐藤氏　製造業が強くなり、基軸通貨でのアメリカの地位を失うことがないという、この二つが担保されれば、決して悪くはならないでしょう。

編集部　一方、世界は逆にその波をくらうことはあるのでしょうか？

佐藤氏　波をくらうでしょうね。それから世界は群雄割拠の状態になってきますから、各地域における線の引き直しが起きて、地域の大国がいくつも台頭してくるでしょう。
現在の大国だけではなくて、サウジアラビアやイラン、トルコやブラジル、アルゼンチンやメキシコ、それから南アフリカやエジプトなどです。経済的にも多極化になってくると思います。

その中で、日本は、日本の個別利益をそれぞれの場所から上手に得ていくことです。そして、自分たちと直接関係のない問題は関わらない方がいいです。

日本の利益に関わる、たとえば中東からのエネルギーが必要であれば、そこにはすごく関与する。しかし関係ない問題、ウクライナみたいな問題ですね、こういうことには極力関与しないことでしょう。

中国をあまり過大評価しない方がいい。それよりもイスラム

編集部　もちろん、大国であるロシアや中国もより強くなってくる？

佐藤氏　なってきます。ただし、中長期的には中国の脅威が強調されすぎている感じがします。中国の出生率は1・12ぐらいでしょう。急速に人口減少している国が、世界的に拡張していく例はありません。だから、中国の脅威は、50年スパンで見た場合、誇張されすぎていると思います。

むしろ、インドネシアとマレーシアです。両国は確実に人口が増えています。それも今

までの人口学のテーゼを乗り越えて増えています。

女性で高等教育を受ける人が増えると人口が激減するというのが今までの人口学のテーゼです。けれども、それに反する国が出てきています。それがトルコであり、イランであり、マレーシアであり、インドネシアです。

そうすると、人口動態から見て、今後日本への移民は、おそらくはほとんどがインドネシア人やマレーシア人、それからフィリピンの南部の人になってくると思います。

イスラム教のファクターは非常に大きくて、近代化の中において、人口減少を引き起こさないシステムであるということがほぼ見えつつあります。

イスラムには人口減少を引き起こさない理由が大きく2つあります。ひとつは共同体が子どもたちを育て、核家族化しないことです。だから手が空いた親戚の人が、自分の子どもを育ててくれるのです。

日本の場合、自分の子どもが保育園で熱を出したからといっても、おじさんやおばさんに「迎えに行ってほしい」と頼むことはできません。それが、イスラムでは容易にできます。

そして、もうひとつは、イスラム教の戒律で人工中絶が禁止されていることです。

トランプは長老派、神に選ばれた人と思っている

編集部　トランプ側が宗教的な対立を煽っているということですが、彼の宗教はどういう特徴があるのでしょうか？

佐藤氏　トランプの宗教的な特徴は、彼がプレスビテリアン（長老派）、すなわちカルヴァン派ということです。アメリカの歴代大統領でプレスビテリアンは、ウッドロウ・ウィルソンとアイゼンハワーとトランプです。彼らも少数派です。

アメリカの普通のピューリタンは、救われるには清い心をもってよい生活をすることが必要だと考えます。プレスビテリアンは別です。

生まれる前から救われる人と救われない人は決まっているという考え方です。だから、プレスビテリアンは、神様に特別に選ばれた人間は必ず地上で成功するという信念を持っています。教会によく通うとか通わないとかも関係ありません。

プレスビテリイアンであるトランプは自分が絶対に神に選ばれたものだと、勝利するも

のと確信しているわけです。このプレスビテリアンの特徴には、逆境に強いということもあります。

どんな逆境でも、それは神の試練で、最終的に勝利すると確信していますから。そのかわり反省をしません。だからトランプの行動様式は、世俗化したカルヴァン派そのものです。私自身がカルヴァン派ですからトランプの発想はよくわかります。

彼には神から選ばれたから大統領になる、もう絶対に勝つという信念があります。それがトランプの周りについている人たちにとって、とても頼りがいを感じる理由にもなります。

一方、バイデンはカトリックですから。信仰と行為の人です。正しい信仰と共にそれに結び付いた行為が必要になります。自分の行為によって、成功するかしないかは変わってくると考えます。

トランプは、生まれてくる前から自分は成功することが決まっていると確信しているのです。試練があっても、〝この試練を克服してよりビッグになる〟と思っています。だから裁判なんか屁とも思ってないのです。

そして、トランプのやったことを見ると、常に平和を志向しています。イランとの間でトラブルが起きた時も、ソレイマーニー（ガーセム・ソレイマーニー）を殺害したときも、そのときの反撃は、事前にロシアに通告しています。そして、イラン人が逃げるように仕向けています。

北朝鮮にも、最初は金正恩に対して「リトルロケットマン」などと言っていたのに、途中から「金正恩に恋をした」と言っています。トランプは基本的に平和志向なのです。それは、長老派の宗教的な影響だと思います。

彼はやはりそういう意味においては面白い人なのです。だから、われわれ古い時代の人間からはトランプが変人に見えるのです。彼は年寄りですが、新しい時代の人です。明らかにアメリカ型の民主主義は制度疲労を起こしています。なおかつ、アメリカ国内の格差も大きい。

〝大学を出たての小僧が、ちょっとアプリを開発したからといって何百億も手に入れるなんておかしいじゃないか〟と、トランプは思っているわけです。〝一生懸命働いて、給料をもらう。それがアメリカだよな〟と、こういう感覚で彼はいるわけです。それはそんなに間違えていないと思います。このことはアメリカの民衆も気づいているでしょう。

基軸通貨がアメリカドルから変わるとき、世界は大混乱になる

編集部　アメリカの分断は、結局、このままずっと続いてしまうのでしょうか？

佐藤氏　続くでしょう。そして、その分断の中でアメリカがどこに行くかはわかりません。ただし、アメリカが大きく揺らぐのはペトロダラーの転換だと思います。

編集部　ペトロダラー？

佐藤氏　ペトロダラー、原油の支払いで使われているドルのことです。このアメリカのドルが基軸通貨の地位を失ったとき、石油の決済で使われなくなったとき、世界に大混乱が起きます。アメリカは破綻します。これが来るのか来ないのか、これも誰も何とも言えません。

これが起こることになれば、アメリカ国内の分断如きの騒ぎではありません。アメリカ

が破綻するかしないかのもっと大きな出来事です。

佐藤優（さとう・まさる）
1960年生まれ。1985年、同志社大学大学院神学研究科修了の後、外務省入省。在英大使館、在露大使館などを経て、外務省国際情報局分析第一課に勤務。2002年に背任と偽計業務妨害容疑で逮捕・起訴され、2009年6月に執行猶予付き有罪確定で外務省を失職。2013年6月に執行猶予期間を満了、刑の言い渡しが効力を失った。2005年『国家の罠―外務省のラスプーチンと呼ばれて』で毎日出版文化賞特別賞を受賞。以後、作家として外交から政治、歴史、神学、教養、文学に至る多方面で精力的に活動している。主な単著は『自壊する帝国』（新潮社）、『私のマルクス』（文藝春秋）、『十五の夏』（幻冬舎）など多数。共著、監修本も多数出している。2020年には、広範な執筆活動に対し菊池寛賞を贈られた。

第三章　トランプで一層深まるアメリカの分断

前嶋和弘（上智大学総合グローバル学部教授）

前嶋和弘氏（上智大学総合グローバル学部教授）インタビュー

トランプでもバイデンでも分断は続く！ 人口動態が変わらない限り、アメリカは変わらない

なぜ、現代のアメリカはリベラルと保守に大きく分断しているのか。かつては、民主党であれ、共和党であれ、予備選を勝ち抜いた候補は、より幅広い層を取り込むため中道寄りになっていったものだ。しかし、現在はそのようなことは起きないようだ。両大統領候補とも、より過激な政策を打ち出していく。いつからアメリカの分断は始まったのか。その歴史と背景、さらにバイデンが大統領であっても、トランプが大統領になっても、それは変わらないのか？　現代アメリカ政治を専門とする上智大学総合グローバル学部教授の前嶋和弘氏に聴く。

（2024年4月11日取材）

アメリカの分断の起源は公民権運動

編集部　アメリカの分断の始まりはどこになるのでしょうか？

前嶋和弘氏（以下、前嶋氏）　現象的な始まりはティー・パーティー運動（２００９年に始まったとされる保守派のポピュリスト運動）といえますが、本質的な始まりは、公民権運動まで遡ります。

現在、アメリカの南部は共和党の地盤ですが、もともとは民主党の保守の地盤でした。それが、１９５０年代から70年代の公民権運動や女性の人工妊娠中絶の運動に民主党が加担したということで、アメリカ南部の保守的な民主党支持者たち、サザン・デモクラットといいますが、その人たちが民主党から離れていくのです。

第二次世界大戦後のアメリカは全体的にリベラリズムが優勢で、民主党も党内の多数派はリベラルでした。そして共和党の一部には人工妊娠中絶や人種間問題に関しては民主党よりもリベラルな面がありました。政党的には民主党の方が強かったのです。

しかし、民主党支持であっても、特に人工妊娠中絶には、宗教保守の人たちは反対でした。そして、共和党が、宗教保守の人たちを取り込もうと、彼らの支持を得るためのスローガンを掲げ、彼らの受け皿になっていったのです。

そのため民主党が保守とリベラルに割れて、保守が共和党になだれ込んで、いまの保守的な共和党になっていきました。もちろん、東部に残っていたリベラルな共和党の議員も一つ一つなくなったのです。そして、1990年代の頭ぐらいまでは、南部の保守的な民主党と、東部のリベラルな共和党が多少残っていましたが、いまは全く残っていません。

これが、アメリカ政治における保守とリベラルの大きな流れです。そして、オバマ政権時代に始まったティー・パーティー運動が、いまのトランプの支持につながる大きな動きになります。選挙地盤的には、あまり選挙に行かない人が、ティー・パーティー運動などをとおして、共和党保守、ひいてはトランプの支持基盤になっていきました。

編集部　**支持基盤はどのように変化するのでしょうか？**

前嶋氏　クリントン大統領は南部アーカンソー州の出身です。その時の副大統領はゴアですが、彼は南部テネシー州出身です。彼らは保守というより民主党の中道の政治家ですが、南部に支持基盤がありました。

クリントンはアーカンソー州の知事でしたし、ゴアはテネシー州の上院議員でした。しかし、今では両州の民主党の議員はほぼ全滅です。両州の住民は共和党の政策にひかれるようになり、共和党の支持者になりました。人的つながりがなくなることにより、自らの気持ちに近い政党の支持者に変わるのです。

特に、下院の場合はゲリマンダリングということが起きます。アメリカの下院は10年に一度の国勢調査で、選挙区を見直します。見直すのは州ごとで、そこの議員たちが選挙区の見直しをします。

そのため、その州で有利な政党が、より有利になるように選挙区の線引きを変えてしまうのです。南部だったら共和党が強いですが、より自分たちが勝てるように選挙区を組んでいきます。飛び地とかトンでもない形になっても気にせず、民主党の支持者や中間層がいたところが少数になるよう選挙区の範囲を変えてしまうのです。

もちろん、民主党も同じことをします。それによって、強い政党はより強い地盤ができてしまい、イデオロギー的にも固定化されます。ちなみに、ゲリマンダリングはサラマンダー（トカゲ）のもじりです。選挙区の線引きを変えてしまうことで、まるでトカゲみたいな形の選挙区ができてしまうからです。

分断化が大統領選の勝利の方程式

編集部　以前は両党の大統領候補になると、中間層を取り込むために、中道寄りの政策を両候補とも出して、比較的中道で、過激でない政策になったと聞きましたが、いまはそのようなことはないのでしょうか？

前嶋氏　全くありません。現在、それは負ける方程式です。おっしゃっている中道寄りの政策が通用したのは、１９９０年代の半ばから後半までです。大統領選では１９９６年の選挙、あるいは２０００年の選挙までです。先ほどのクリントン大統領、そしてその次のブッシュ・ジュニアの時代までです。

そのころの有権者の支持する政策分布を見ると、大きな分布の山は保守とリベラルの中間にあったのです。しかし、いまは両サイドに大きな分布の山がきます。中間層を取りに行くと負けてしまいます。

だから、トランプはより保守的で過激な政策を掲げるのです。バイデンも基本的に中道寄りの政治家ですが、政策的にはかなり左派に寄っています。そちらの方が勝てるからです。いまの大統領選は両端を押さえる戦いなのです。

そして、アメリカ国民全体の支持層を見ると、民主党が3分の1、共和党が3分の1、のこりが無党派です。2020年大統領選の投票率は約66％と100年ぶりの高い数字でした。期日前投票があり、選挙に行く人が増えたのです。

民主党にしろ、共和党にしろ、強い支持層は選挙に行きます。

ただし、無党派層は中間層ではありません。4割ぐらいいる無党派層のうち、3分の1ぐらいが民主党寄り、3分の1ぐらいが共和党寄りといわれます。

ここの層を各党派は狙うわけです。民主党寄りだけど選挙に行かない人、共和党寄りだけど選挙に行かない人、ここを戸別訪問やCMなどで選挙行動に駆り立てれば、民主党寄りの人は民主党に入れるし、共和党寄りの人は共和党に入れます。

現在は、ビッグデータがかなり充実していて、選挙民の投票行動がわかっています。ここ最近の大統領選挙に行ったのか行かなかったのか、民主党支持なのか共和党支持なのか、この点もわかっています。

さらに、このビッグデータを補うように各地に選挙事務所があり、その地区の選挙民の動向を調査しています。だから、相当細かく地元民の政治的動向を把握しています。

政治的動向を把握するためにクレジットカードの情報を手に入れ、所得がどれくらいで、どんな雑誌を買っているのかなどを調べます。これだけでも、どんな人物かもわかってきます。銃の雑誌を買っていれば共和党支持だとか、『エボリー』という黒人向けの雑誌を買っていれば民主党支持だろうと考えられるわけです。

さらに、フェイスブックやツイッター（現X）の書き込みの情報を手に入れて、その人物の発言をおって、どんな人物か把握します。

だから、ここ何回かの選挙には行っていないけれど民主党の支持者で、過去には大統領選に投票したという人がいれば、その人にピンポイントで、今回はトランプが勝ちそうだから、バイデンに投票してほしいと電話したり、戸別訪問をしたりして、投票を促すのです。

これらは、共和党も同じです。まったくの中間層ではなくて、ある程度、民主党や共和党を支持しているけど、投票に行かない人にアプローチします。

だから、リベラルと保守をはっきり打ち出した方が、無党派層も投票するのです。1990年代とは180度、選挙政策は変わったと言えます。

福音派と小さな政府、そして怒れる白人が共和党の支持層

編集部　リベラルと保守が明確に分断しているのは、そもそもアメリカの国民の考え方が大きくリベラル側、保守側とわかれているからでしょうか？

前嶋氏　そうです。共和党の支持基盤で一番大きいのが福音派です。南部の宗教保守の人たちです。1980年代ごろまで、この人たちは、先ほど説明したように民主党に入れたり、選挙に行かなかったりしていました。

共和党で、この人たちを動員したのが2004年の大統領選でブッシュ・ジュニアの選挙参謀だったカール・ローブです。彼が福音派の人たちを動員して選挙に行かせました。現在は、動員をかけなくても福音派の人々は投票に行きます。

福音派はアメリカの人口の20％から25％います。投票行動は100％共和党ではありま

せんが、それでも8割強が共和党に入れます。莫大な数です。彼らが共和党の支持基盤の中核です。

そのため、共和党が掲げる政策も福音派寄りになり、人工妊娠中絶反対となります。このことを象徴するのが、1973年の「ロウ対ウェイド」判決で人工妊娠中絶が合憲であるとしたものを、米連邦最高裁が2022年6月24日に覆したことです。

トランプが9人中6人を保守派の判事にしたことの結果です。人工妊娠中絶の是非は各州で決めることができるようになりました。これに対して、福音派の人々は非常に喜んでいます。

共和党の支持基盤には小さな政府、減税を求める人たちがいます。この人たちと福音派が一緒になっています。さらに、数としては少ないですが怒れる白人たちがいます。

この怒れる白人たちが、最後のピースとして、ティー・パーティー運動のあとに共和党支持になった人たちです。この人たちがトランプの支持層になっているわけです。

多様化と所得再分配を求める層が民主党の支持層

編集部　**民主党の支持層はどういう人たちなのでしょうか？**

前嶋氏　民主党の支持層のひとつは所得再分配をいままで以上に強く打ち出す人たちです。これは共和党の減税と対立する主張になります。また、福音派と対照的ですが、より多様性を求める人たちが民主党の支持者です。ＬＧＢＴＱ＋や様々な人種に対しても平等の権利を訴えます。

現在もアメリカの人口は伸び続けています。私が大学生だったバブルの頃、１９８０年代ですが、アメリカの人口は日本の倍で２億５千万人でした。いまは３億４千万人です。

ＯＥＣＤ加盟国の中で、これほど人口が伸びている国はありません。ただし、これは出生率が伸びているのではなくて、移民なのです。

移民が入ってくるので、より多様性を求める人たちが増えていきます。そうなると、民主党の支持層が増えて、共和党が負けてしまいます。だからこそ、最後のピースとして怒れる白人たちを、共和党は支持層に取り込んだのです。

さらに移民の中にも、アメリカで長く働いて、すぐに投票権を持つわけではありませんが、収入が増えて、減税を求めて保守層になっていくケースもあります。さらに、経営者になって規制緩和を求める人たちもいます。

共和党はこの層を狙っています。この層にはヒスパニックもアジア系もアフリカ系もいます。そして、少しずつ、この層を取り込んでいます。

人口動態が変われば、アメリカは変わる

編集部　今後もアメリカへの移民が増えていって多様性を求める声が強くなると、民主党の支持基盤がより強固になっていくと考えていいのでしょうか？

前嶋氏　いまから20年前に、そのようなことに対する研究が増えました。20年前というと、ちょうどブッシュ・ジュニアの政権の時です。上下両院も共和党が強くなった時です。

しかし、その時に、今後移民が増えていくと、共和党の力が相対的に落ちていくと考えられました。だからこそ、そのときから共和党は怒れる白人を支持層に組み込んだり、移民を支持層に組み込んだりする戦略をとっていったのです。

共和党は収入の増えた移民たちに減税を訴えました。また、ヒスパニックのなかにいる

福音派の人々に支持を訴えています。

ヒスパニックの人たちの宗教はカトリックが主流ですが、カトリックにも福音派はいます。日本だと福音派はプロテスタントであるといいますが、間違いです。カトリックにも福音派がいます。福音派は聖書を一字一句信じている人たちのことです。

また、ヒスパニックにはキューバからの移民もいます。彼らはキューバの共産主義が嫌だから逃げてきたのです。フロリダなどでは、このような人たちに対して「ヒスパニックと共和党は相性がいい」と盛んにPRしています。

しかし、今後、移民が増えていくとどうなるのでしょうか。移民の影響が研究され始めて20年経っていますが、民主党と共和党の支持はかなり拮抗していて、左右の分断が進んでいます。しかし、今後、共和党の中のヒスパニックが増えていくと、この人たちは白人至上主義ではないので、ティー・パーティー運動の中心を占めていた人たちとは違います。

ティー・パーティー運動は小さな政府を求め減税を訴える運動という形で始まりましたが、実際にはかなり人種差別的でもあります。白人至上主義者たちの運動ともいえます。

共和党のヒスパニックの人たちはそうではないので、共和党でも中間寄りの人たちといえます。

一方、民主党で何が起こっているかというと、お金持ちの民主党支持者が増えています。以前であれば、お金持ちは減税や規制緩和を求め、共和党支持者が多かったのです。しかし、いまは、自分のお金を貧困層のために、福祉のために使ってくれという人が増えています。例えばソロスのような人です。この人たちは民主党支持者です。

しかし、このような民主党支持者もお金持ちですから、過激なリベラルな政策とは一定の距離を保ち、どちらかというと中間寄りの政策を求めるようになります。

そうなると、共和党も民主党も中間寄りが増えていくと考えられます。ただし、これは人口動態が変わった後の話です。それまでには10年以上かかるでしょう。2024年の大統領選挙でトランプが勝っても、バイデンが勝っても、いまの分断された状況は変わらないと思います。

ちなみに、移民のことをもう少し付け加えると、2000年から2010年の10年間にアメリカに入った移民は過去最大数です。移民が多かったのは1900年代の初期ですが、その時より多くなっています。アメリカの人口に占める移民の割合は、1900から1910年の10年間の方が多いですが、絶対数では2000年から2010年までの方が多くなっています。このように現在、アメリカは大きく変わりつつあります。

だからこそ、トランプは移民を入れたくないのです。トランプは移民を入れたら、共和党が弱くなると直感的にわかっていると思います。

移民が増え過ぎて、キャパオーバーになりつつあるアメリカの都市

編集部　やはり民主党は移民を積極的に受け入れるべきだという主張なのでしょうか？

前嶋氏　いま、移民は政治化してしまったので、民主党側も100％移民を入れるとは言えない状況です。現在、メキシコ国境からアメリカに入ってくる人の多くは難民です。ホンジュラスから3カ月くらいかけて、ブローカーにお金を渡して、ジャングルを逃げてきた人たちです。

難民は国際法上、難民申請させなければなりません。トランプ政権時代は、アメリカで難民申請をさせたくないので「メキシコで難民申請しろ」としていました。しかし、これは国際法上、間違っています。

バイデン政権は、それを正してアメリカで難民申請をするようになりました。しかし、

難民申請する場所はテキサス州、アリゾナ州、ニューメキシコ州とフロリダ州の一部などです。ニューメキシコ州以外は、基本的に共和党が強いところです。

申請をするにしても、共和党支持者にしてみれば、「俺たちが歓迎しない人たちを、なぜ、俺たちの場所に住ませなければならないのか」と移住を拒みます。そのため、共和党が強い州では難民や移民をバスに乗せて民主党支持の州に移送しています。フロリダ州のデサンティス知事やテキサス州のアボット知事は、わざわざ飛行機をチャーターして同州に来た難民や移民を乗せて、マサチューセッツ州のマーサズ・ヴィニヤード島などに送り込んでいます。

全米の大都市のほとんどは聖域都市（サンクチュアリシティー）と呼ばれる難民や移民が自由に生活できる（取り締まらない）場所です。

２０２３年12月には、メキシコから国境を越えて入ってくる難民、移民は22万５０００人を超えました。１カ月で20万人超えです。１日１万人以上の日もありました。その人たちを民主党支持の州に送り込むのです。

12月だけでなく、常時、月に10万から20万人くらいの難民、移民が来ます。それだけ来ると限界が来ます。

移民で国力をのばしてきたアメリカ

編集部　なぜ、そこまでして、アメリカは難民、移民を受け入れるのでしょうか？

前嶋氏　日本ではなかなか理解できないことですが、アメリカは移民の国です。ニューヨークもそうですが、アメリカの難民、移民は、ボランティア組織が、彼らの面倒を見ます。そのような組織がきちっとできているのです。本当に、親切にいろいろお世話をしてくれます。

カリフォルニア州のサービス業の10％を超える人が非合法移民です。ファストチェーンの店員や清掃の人たちなどです。しかし、彼らがいないと、賃金を安く抑えられず、インフレになってしまいます。

最近のインフレの理由は、そこにもあります。トランプ時代に不法移民の入国を認めず、バイデン政権でもコロナ禍で移民を入れていませんでした。産業界にとっても、非合法移民は賃金を安く抑えるために必要になっています。

それだけではありません。私はカリフォルニア州のサリナスのレタス農家に調査に行ったことがあります。サリナスはスタインベックで有名なところで、彼の博物館もあります。そのレタス農家には40～50人ぐらい働いていましたが、全員が非合法移民でした。もちろん雇い主は合法の移民でしたが……。

ただし、非合法移民といっても、彼らは税金を払って、皆、自動車の免許も持っています。カリフォルニア州は非合法移民でも免許は持てます。だから、雇い主は非合法移民でも、アメリカに寄与していると話していました。

非合法移民でも、アメリカで子どもを産めば、その子どもはアメリカ人として認められます。アメリカで子どもを産んだ親も非合法だからといって、子どもと離れ離れにしてアメリカから強制退去させることは、人道上許されません。そのため、移民が増え続け、アメリカは移民の国になったのです。それが代々続いているのです。

日本人には理解しがたいかもしれませんが、それが移民の国、アメリカです。そもそも、アメリカは移民によって経済成長をしてきたと言われています。そういう研究もあります。移民が雇用の下支えになり、需要を喚起している部分もあります。

編集部　そのアメリカが、特に民主党のバイデン政権が、なぜ、100%移民を受け入れると言えなくなったのでしょうか？

前嶋氏　先ほどお話ししたように、ニューヨークでも難民、移民を受け入れるキャパが超えてしまったからです。そのため、バイデン政権も難民、移民の数を減らしていくと言っています。

全米の都市部はほとんどがサンクチュアリシティーです。共和党は田舎に強いですが、民主党は都市部に強く、移民を受け入れることが当然だと考えていますし、先ほどお話ししたように移民のお世話をするボランティア組織もしっかり根づいています。

アリゾナ州とかテキサス州の人々は、多くが、移民が隣に住むのを嫌います。犯罪をするのではないかと不安に思っています。それを一層煽るようにトランプは「不法移民がアメリカの血を汚す」と訴えます。

実際は、非合法移民のほうが、圧倒的に犯罪率が低いのです。3カ月かけて命からがら逃げてきたのに、わざわざ犯罪をして強制退去させられるようなことはしません。

だから、都市部の人たちはトランプの話など馬鹿馬鹿しいと思うのですが、いかんせん、キャパが超えてしまったのです。ニューヨークなど1日で1000人から2000人の移民が入ってきます。これでは、対応できません。移民の数が多すぎるのです。

こんなに移民が増えているのは理由があります。トランプ政権の時は、非合法移民は入ることはできませんでした。トランプが止めていましたから。バイデン政権も初期はコロナがありましたから、入ることができませんでした。

さらに、次の大統領はトランプになるかもしれない。そうなると、今しかアメリカに入ることできないと、移民の人たちは考えるわけです。命からがら逃げてくるわけですから、チャンスを最大限生かしたいわけです。それが今なのです。

移民問題、人工妊娠中絶が大統領選の争点

編集部　そうなると、バイデン側、民主党的にも移民問題は深刻といえるのでしょうか？

前嶋氏　だからこそ、共和党はそこをついてくると思います。2024年の大統領選挙の共和党における争点は、移民問題です。結局、バイデンも移民の数を減らさざるを得なく

なってしまいましたから、トランプは強く「不法移民はアメリカの血を汚す」と訴えるでしょう。

しかし、民主党側は違います。民主党は人工妊娠中絶の問題を争点としてくるでしょう。人工妊娠中絶の是非は各州で決めるとなりましたから、州のなかには住民投票で、その是非を決めるところもあります。

大統領選挙の激戦州は6つありますが、そのうちの一つのミシガン州では、2021年の中間選挙に合わせ人工妊娠中絶を巡って住民投票をしました。そして、中絶派が勝利しています。55％が中絶賛成でした。

民主党は、激戦州で勝つために、人工妊娠中絶を争点にしようとしています。民主党は2024年の大統領選挙で、こう訴えるでしょう。

「トランプが勝ったら、州で決めた人工妊娠中絶を、またひっくり返されるかもしれません。現在、最高裁の判事は保守派が9人中6人です。もし、バイデンに投票しなければ、その判事は9人中9人になってしまうかもしれません。そうなれば、その可能性は非常に高まります」

このように、トランプになったら、人工妊娠中絶がNGになると訴えるのです。ある意味脅しです。

編集部　ただ、共和党が移民問題を争点にし、民主党が人工妊娠中絶を争点にすると、かみ合いませんが、それでいいのでしょうか？

前嶋氏　かみ合わないのが前提です。両陣営ともかみ合わなくていいのです。オバマ政権時代前の中間層に向けての争点は経済でした。

現在、アメリカの経済は非常に良くなっています。失業率は、1960年代の前半のアメリカの景気が一番いい頃に戻っています。インフレがあるから利上げをしましたが、景気はまったく落ち込んでいません。

それは、バイデンが財政出動をしているからです。コロナに対する財政出動もそうですが、景気の下支えをしたからです。これが一般的なエコノミストの見方です。

ほとんどのエコノミストたちは2023年のアメリカ景気は悪くなると思っていました。しかし、全員外れています。

バイデンは、このことに自信をもって、自らの経済政策、政府による財政出動を「バイデノミクス」と呼んでいます。

しかし、これは民主党や民主党の支持者の考え方で、共和党や共和党の支持者は、景気は悪いと思っています。いや、トランプだったら、もっと景気が良くなっていたと考えているのです。

そもそもトランプだったら、インフレにはなっていないと考えています。インフレの大きな原因はコロナ禍での莫大な財政出動と、ウクライナ戦争でサプライチェーンが切れてしまったことです。

まず、ウクライナ戦争です。この戦争はバイデンの時に始まりました。トランプだったら、戦争は起きていなかったと共和党の支持者は考えています。

そして、コロナ禍です。コロナ禍はトランプ政権時に始まっていたので、これはトランプ政権でも同じだったでしょうが、共和党や共和党支持者は以下のように主張し、考えています。

コロナがより広がったのは、人口密度が高く、多様な人々がいるところだと、だから都市で広がると、それは民主党の地盤であると。そこにバイデンはお金を落としている。自分の支持基盤にカネを落としているんだと。だから、インフレになったんだという主張です。「バイデンフレーション」だと呼んで怒っている。

このように、景気の見方も二つにわかれていて、以前のように、歩み寄る点はありません。争点も分離し、分断しているのです。これでいいと両陣営は考えています。

そもそも、バイデンの支持率は全米で40%そこそこです。しかし、民主党支持者は85%が支持しています。一方、共和党支持者は4～5%です。両極端なのです。

民主党だったクリントン大統領の時代の支持率は共和党でも5割近くありました。いまと全然違います。

文化戦争が、いまの分断の根本にある

編集部　民主党や共和党が大きく分断しているのは、支持層自体が大きく分断しているということですが、その根本には何があるのでしょうか？

前嶋氏　文化戦争です。文化戦争とは難民、移民問題もありますが、銃規制の問題もあります。人工妊娠中絶や女性の権利の問題もあります。ＬＧＢＴＱ＋の問題もあります。根

本は文化戦争です。

この文化戦争は、折り合えません。バイデン支持は民主党で85%、共和党で5%前後。一方トランプも大統領だったころは同じような数字です。トランプ大統領だったころは、共和党内で92%の支持を得ました。民主党内では2%。ここまでくると、共和党支持者はほぼ100%トランプ支持、一方、民主党支持者は0%の支持率といってもいいほどです。残りの数パーセントは誤差の範囲内といえます。

ただし、こうなると、もちろん折り合えませんが、いまがピークと私は考えています。いずれ揺り戻しがくるでしょう。先ほどお話ししたように移民によって人口動態が変わって、揺り戻しが起こると思います。

しかし、それまでには10年以上かかると思います。

いまのアメリカは内戦前夜か？

編集部　現在、分断が進んで、アメリカは南北戦争前夜とも言われます。それに危機感を持っているアメリカ人はいないのでしょうか？

前嶋氏　これはたくさんいます。何が内戦を引き起こすのか、という研究があって、カリフォルニア大学サンジエゴ校政治学教授のバーバラ・F・ウォルターが『アメリカは内戦に向かうのか』（東洋経済新報社）という著作を出しています。

彼女が言うには、内戦は独裁政権では起きないのです。それは反対派を抑えつけているからです。民主主義でも法の秩序を守ろうという民主主義の根幹が保たれているときには内戦は起きません。

しかし、アメリカは、もちろん独裁政権ではありませんが、民主主義を守ろう、法の秩序を守ろうという状況でもなく、本来の民主主義から外れてしまっていると見ています。ウォルターは、アメリカはオートクラシー（独裁政治）でもなく、デモクラシー（民主主義）でもない、アノクラシーと言っています。アノクラシーとは欠けているという意味ですが、中間地点だというのです。

このアノクラシーの状態が一番、内戦が起こりやすい危機だと言っています。世界各国の内戦はそのような状態の時に起こるといいます。その危機にアメリカはあるというのです。比較国際政治の研究からは、そのように見えるということです。

私も、アメリカがそこまで至っているかは、はっきりわかりませんが、2021年のトランプ支持者による議会襲撃を見ると、まさに、そのような状況にあるかもしれないなと思えます。

力で現状を変えようとする動きです。民主党支持者にとって暴力で民主主義を破壊する行為ですが、共和党支持者は、襲撃者こそが民主主義を守る者たちであると主張します。共和党支持者からすれば、自ら身体を張って、民主主義の破壊を阻止しようとした英雄であるといいます。トランプは殉教者であると、彼らは言います。

トランプはこれに対して、大統領に再選したら、最初にすることは議会襲撃者を恩赦することだと発言していますし、トランプが演説会場に登場するときは、刑務所にいる議会襲撃者のアカペラグループが歌う『ゴッド・ブレス・アメリカ』をかけています。

これを見ると、まさに内戦前夜といってもおかしくない雰囲気です。

トランプにとって敵は多様性を求める人々です。彼はNATOからの離脱さえ発言していますが、これに対して、ロシアを利するだけだと批判する人たちがいます。

しかし、トランプにとって敵はロシアではないのです。「ウォーク（woke）」という言葉があります。「目覚めた人たち」という意味のスラングですが、意識高い系の人々を指します。彼の敵は、この「ウォーク」なのです。
プーチンはこの「ウォーク」に非常に批判的なので、トランプにとってプーチンは「味方」なのです。もちろん安全保障においては違いますが、文化戦争においては、プーチンのロシアは同盟国ともいえるのです。

合理的判断ではわからない感情的分極化

編集部　一つ疑問があります。トランプの支持層である怒れる白人の中には、低所得者も多いと聞きます。しかし、民主党政権の方が、保険や生活の手当ても充実するので、彼らにとってそちらの方がメリットがあると思えるのですが、どうなのでしょうか。

前嶋氏　いまアメリカで言われているのが、「感情的分極化」という言葉です。政治的概念ですが、いったん共和党支持者、あるいはトランプの支持者になると、民主党が言っていることは、すべてダメ、感情的に受け付けない、それは「ウォーク」が言うことだと、すべて否定するのです。

オバマケアがその一番わかりやすいケースですが、オバマケアは民間保険に入りやすくするものです。一部国からの負担もあります。だから、トランプを支持している低所得の白人にとってもメリットのある政策でした。

しかし、トランプ支持の白人至上主義者は、結局、「自分の税金を使われて黒人への援助に使われる」と考えてしまうのです。合理的判断より感情的判断が優先されてしまうわけです。これが感情的分極化と言われるものです。

メディアも文化戦争に引っ張られた

編集部　この感情的分極化をメディアが煽っているということはあるのでしょうか？

前嶋氏　現在、保守陣営からはリベラルあるいは左派といわれるニューヨーク・タイムズ、ワシントン・ポスト、ＡＢＣやＣＢＳなどは、昔は真ん中、中道だったのです。

そこにトークラジオが現れました。ラッシュ・リンボーという保守派のラジオのパーソナリティーがいました。２０２１年に亡くなりましたが、トランプを10倍ぐらい下劣にした人物です。

この人は、嘘も本当もないまぜにした、わかりやすい保守向けのメッセージを出す人でした。これのテレビ版がFOXニュースなのです。

これに飛びついたのが、南部と中西部の保守層で、いままでのメディアが流すニュースなどが、どうも肌に合わない、おかしいと感じていた人たちでした。右のメディアもこの層を狙って、情報を流すようになりました。

それがFOXニュースやワン・アメリカ・ニュース・ネットワーク（OANN）などのケーブルテレビであり、ネットの保守のサイトです。

これらのメディアは、既存のメディアに不信感を抱いている層をマーケティングして、それらの保守層を狙った番組を作っていったわけです。それらの保守層が喜ぶ情報や人物を登場させ、視聴者や聴取者を稼いだのです。

そのため、相対的に昔は中間だった既存メディアがリベラルに見えるようになり、MSNBCなどの一部のケーブルテレビのニュース専門局は、それらの保守のメディアに対抗するために左に寄っていったと言えると思います。

編集部　結局、トランプを生んだのも、FOXニュースを生んだのも、アメリカ国内の文化戦争といえるのかもしれないですね。

前嶋氏　2024年の大統領選でトランプが勝っても、バイデンが勝っても、分断は続きます。

編集部　内戦にならないことだけを願います。

前嶋和弘（まえしま・かずひろ）
アメリカ学会会長、1965年静岡県生まれ。上智大学外国語学部卒業、ジョージタウン大学大学院政治学部修士課程修了（MA）、メリーランド大学大学院政治学部博士課程修了（Ph. D.）。現在、テレビや雑誌、ラジオやインターネットでアメリカ政治について積極的に発言している。著書に『キャンセルカルチャー』（小学館）、『アメリカ政治』（共著、有斐閣）、『アメリカ政治の地殻変動』（分担執筆、東京大学出版会）などがある。

第四章　共和党内の反トランプ派

中林美恵子
（早稲田大学教授）

中林美恵子氏（早稲田大学留学センター教授（社会科学部兼担））インタビュー

アメリカの制度疲労を突破する力をトランプに求めているのかもしれない

共和党員でもトランプへの評価が大きく違う。まったく肌の合わない人たちがいる一方で、大きな期待を寄せる人たちもいる。それはエリートであっても同じだ。なぜ、彼ら、彼女たちはトランプを否定し、そして期待するのか。その実情をアメリカの上院で予算委員会に10年勤務した中林恵美子氏に聞く。

（2024年4月18日取材）

民主党の一本化がバイデンの支持率アップよんだ

編集部　「もしトラ」が「ほぼトラ」になってきたと言われていますが、現在、バイデンの支持率が伸びているようです。その理由はどこにあるのでしょうか。

中林美恵子氏（以下、中林氏）　ひとつはトランプの失言です。本当にこの人で大丈夫なのかなというところがあります。一方、バイデンも、そんなに良くなったわけではありませんが、どちらがましかといえば、やはりバイデンのほうがいいという世論の変化でしょう。

さらにいえば、予備選挙の最中はバイデン以外の人がいいという声が民主党の中にもありました。そのため、一時はマスコミもバイデンつぶしに走ったかに見えましたが、スーパーチューズデーも過ぎてバイデンがほぼ確実に候補と決まると、これはバイデンを支えるしかないと民主党の中が一本化されていきました。

編集部　副大統領候補は、決まっていますか？

中林氏　決まっています。カマラ・ハリスです。

編集部　**あまり人気がないようですが……。**

中林氏　そうですね。支持率はバイデン本人より常に下です。ただ、副大統領は目立たない仕事ですし、今までの副大統領を見ても、ディック・チェイニー以外は、軽量級に見られる傾向があります。サポート役で、自分が中心になって主役をおさめるというようなタイプの仕事ではありません。

ただし、カマラ・ハリスは、組織をオーガナイズする能力が少し欠けているようです。彼女のオフィスからはスキャンダルがいろいろと外に出てきています。ガバナンス能力や指導力が弱いのでしょう。

彼女は2020年の大統領選挙では出馬していますが、早々に予備選で撤退してしまいました。自分のチームを率いるだけの力がないからだと、その時から指摘されていました。

さらにいえば、彼女はカリフォルニア州選出です。カリフォルニア州は今やどう転んでも民主党が勝つ州です。だから、カマラ・ハリスがカリフォルニアで票をとれても、大統領候補に対する貢献にはなりません。

私はカマラ・ハリスが選ばれた時点で、こりゃまずいと思いました。上院議員たちの間でも評判がよくありませんでしたし。しかし、警官によって黒人が命を失った事件を機に黒人差別に抗議する運動と転じたブラック・ライブズ・マターがありましたから、それを収めるためにも、どうしても黒人女性が必要だったのでしょう。

編集部　**そうなると、トランプはバイデンだけじゃなく、彼女に対してもかなり批判してくることになりそうですね。**

中林氏　なります。きっと、以前のように「バイデンは高齢だから、何かあったらカマラ・ハリスが大統領になる。だから今回の選挙はカマラ・ハリスを選ぶようなものだ」と選挙宣伝するでしょう。

さらに、彼女は移民問題の担当ですが、まったく成果が出ていません。議会予算局の試算ですが、不法移民が年間（２０２３年）２４０万人で、バイデン政権下の４年間（２０２１～24年）だけで合計７３０万人とされています。ものすごい数の不法移民が入ってきて地域も政府もパンク状態です。

アメリカは移民の国、いま中東の人が増えている

編集部　アメリカは移民国家で、移民で国が伸びてきたというイメージもあります。だから、移民を入れないという選択はあり得ないと思いますが。

中林氏　移民なしはあり得ません。難民認定率は18％ほどですが、庇護希望者が多いという結果です。受け入れ数は6位で世界トップクラスです。トランプは大統領復活の初日には国境を封鎖すると言っていましたが、彼が大統領だったときも、難民のトレンドはほぼ同様でした。やはり移民国家ですから、移民を受け入れるという基盤はあります。文化的にもそういうものはあります。ただし、今は、行きすぎです。

難民を受け入れるにしても、施設が必要だったり、身元や病歴などを検査する人も必要だったり、書類をしっかりプロセスする人たちも必要です。それには予算がかかります。扱いきれない不法移民が２０２２年度には78万人も国内に放出されましたが、その後年間１００万人を超えています。

実は移民問題とは、不法移民の急増なのです。米国内に滞在する不法移民は、税関・国境警備局によると、新型コロナ禍の影響で2020年4月に毎月1万6182人にまで減少したのですが、その後バイデン政権になって増加を続け、今は毎月20万人超の状況が続いています。

編集部　現在、移民で入ってくる人の特徴はあるのでしょうか?

中林氏　中南米からの不法または合法な移民が多いですが、長い目で見ると中東系やアジア系の合法的移民も増えてきました。その証拠に連邦議員の構成も変化してきています。下院議員にイスラム系議員が3人当選しています。オマル下院議員やタリブ下院議員など、かなり過激な発言をします。ちなみに移民で成り立つ国として、連邦議会のマイノリティーには59人のアフリカ系、52人のヒスパニック系、21人のアジア系などが当選しています。

編集部　ケネディ大統領が出てくるとき、プロテスタントの国に、カトリックの大統領が登場するというような価値観がひっくり返るようなことが起きましたが、現在、そのよう

なことは起きていないのでしょうか？

中林氏　政治と宗教のダイナミクスは今も存在しますね。ピュー・リサーチセンターの調べでは、連邦議員の約55％がプロテスタント、約30％がカトリック、約6％がユダヤ教、などとなっています。ユダヤ系の国民はリベラルな民主党を支持する人が多いです。政界や経済界で影響力のある国民が多いことでも知られています。だから、現在ガザでの戦争問題についてバイデンは非常に苦労していると思います。

現在イスラム系の人やパレスチナに同情する若い人々が大学などでデモを起こしたり、ミシガン州での民主党予備選挙でバイデンに抗議の票を投じました。しかしトランプが大統領になるよりバイデンの方がまだましということにはなります。ただ、大統領選で投票に行かなくなるのではないかという声もあり、バイデン再選のアキレスけんになることも考えられます。

もし、今回の大統領選でバイデンに勝ち目があるとしたら、トランプが相手だからという理由だけではないでしょうか。例えばもし、ニッキー・ヘイリーが共和党の指名候補としてトランプに勝っていたら、ニッキー・ヘイリーがバイデンに勝っていたことでしょう。

バイデンにとっての勝ち目は、いかにトランプに対する危機感をあおるかにかかっています。人工妊娠中絶の問題もそうだし、ウクライナやガザの問題もそうだし。人権とか民主主義とか、そういったものも全部ひっくるめて、危機感によって民主党がまとまり奮起するように仕向けるのです。

共和党は2016年、2020年ほどまとまっていない

編集部　前回の2020年の選挙のときに、トランプもバイデンも、ものすごい得票数だったと思います。民主党がまとまれば、共和党もまとまるのではないですか？

中林氏　それは少し違います。共和党の中が、2020年のときほど、あるいは、2016年のときほど、まとまっていません。今回の予備選で結局、トランプが選ばれましたけど、ニッキー・ヘイリーを支持した人たちが共和党に相当残っていて、その人たちの行き場がないのです。

トランプでは絶対嫌だという共和党の人が確実に存在するようになりました。2020

年、あるいは、2016年のときに比べて、です。

特に2016年は、まだトランプがどんな人かわかりませんでした。ジェブ・ブッシュなど様々な有力候補をことごとく蹴落として共和党の中で注目を集め、さらには労働者層など、新しい有権者も引っ張ってきてくれました。これは頑張るしかないとなって、予備戦後に共和党支援者層全体がまとまって頑張ったのが2016年でした。

2020年も、一応、現職なので対立候補も出ませんでしたし、共和党の中を割るような予備選の戦い方もなかったのです。

しかし、今回は知名度と影響力があってトランプが勝ちましたけど、やはりトランプでは絶対嫌だという共和党の人たちが確実に存在することが分かりました。それがまさに、ニッキー・ヘイリーを担いだ人たちです。

この人たちを、トランプが懐を大きくして、「いやあ、ニッキー・ヘイリーさん、よく頑張った。今度は私を応援してください。一緒にやっていきましょう。支持者たちもよろしく」とか、そういうふうにして取り込んでいく動きがあれば共和党もまとまりますが、それは残念ながら見られていません。

それどころかトランプは、ニッキー・ヘイリーの支持なんか要らないと言っています。

予備選を通して、トランプ支持者もヘイリーに反感を募らせたようですので、トランプとしても譲歩は難しいでしょう。

本選挙ではどちらの政党であろうと、党が大きく一つにまとまらないと勝てないでしょう。このところ民主党と共和党は大接戦なので、どちらの政党も少しの票でも取りこぼすことはできません。

だから、通常は一つにまとまろうという動きがどんどん出てきます。利益団体もいろいろありますし、自分たちが閣僚になれたらいいなとか、大使になれたらいいなと思う人たちもたくさん献金してきます。かつて主流派といわれた共和党の人たちも、前回、前々回の大統領選では勝ち馬に乗ろうと、一応、一つになってやっていったわけです。

しかし、今回は、それがかなうかどうかが大きな分岐点になっています。なかなか難しいかもしれません。トランプの、いわゆる岩盤支持層の人気だけについていくというような心境になれない人がいて、その人たちが、ニッキー・ヘイリーを担いだからです。

共和党の良心として、トランプが本質的に嫌い

編集部　トランプのどこが嫌なのでしょうか？

中林氏　元々、トランプは、ずっと共和党だった人ではありません。民主党に献金したりもしていました。しかも、彼のビジネスの仕方も、いかにもお金がありそうに見せかけて、投資家からお金を吸い上げて、会社の評価額を上げて、あぶく銭でまい進していくみたいなところがありました。多くの訴訟も抱えています。

共和党の良心として、そういう人が大統領でいいと思えない人たちがいて、さらに、トランプ政権の一期目の運営を見て、許せないと感じた人も多いのです。

その決定打が、２０２１年１月６日の議会乱入事件です。これは、いくらなんでもアメリカ議会への敬意に欠けている、民主主義の危機だと感じたわけです。

ましてや、大統領選の投票結果へのリスペクトを全く持たずに、憲法を解釈すれば、最後は副大統領が上院の議長として勝手に決められるんだ、と言い切ってしまって、国民を

分断してしまう。それは、たとえ解釈を100歩ゆずってルール上ありだったとしても、それで本当に国民の利益に資するのか、意見の異なる人々をまとめ切れるのか、疑問が残ります。国を分断に導く怒りと衝突に、さらに拍車をかける人なのではないかという不安も掻き立てました。

トランプはそんな心配ももろともせず、自分にとっていいものであれば突き進んでしまいます。そういうことに対する不安感。こういったものが、かなり大きくなっていったのです。

そのほかにも、トランプの外国とのやり取りです。NATOやほかの同盟国との関係やアメリカの世界での役割です。さらに、財政規律の問題もあります。

最近でこそ、トランプ陣営の内輪では、財政規律の問題に光を当てようと言っているらしいですが、これまでのトランプ政権を見ると、財政規律に対して、深い理解と、政権としての責任感というものを持っていたとは決して思えません。

共和党は、本来、財政規律の政党です。

編集部　もともと共和党は「小さな政府」を目指していました。

中林氏　そうです。共和党がトランプの政党になったと言われて久しいですが、かつての古き良き共和党を忘れられない人々もいます。トランプ批判は、そんな人々の声を代弁しています。さらに、ペンス前副大統領。彼にしても、あれほどトランプ政権の成立のために福音派の有権者層をごっそり連れてきて、大変な貢献をしました。しかも、忠実に副大統領の職をこなしました。

そんな功労者を、最後は「ハング・ペンス」の合言葉で、ペンスを処刑しろという運動に転じさせて、功労者を切っていく。

そういうマネジメントをする人ですから、おそらく次の政権が誕生したらイエスマンだけを集めて暴走してしまうのではないかという不安が政策のプロの間でも高まっています。トランプの人間性に不安を覚えて、共和党の中にも、もう少しアメリカを一つにまとめられる人のほうがいいんじゃないかという意見がなかなか消えないでいるのです。

ただ、トランプが譲歩して、ヘイリーとも仲良くしようというふうに手を差し伸べるとか、「副大統領候補にどうですか?」とか、「人事もあなたの言うことも聞きますから」とか、それぐらい柔軟性を示せば、もしかしたら、いろんな人が集うかもしれません。

しかし、もしそれをやったら、トランプがトランプではなくなります。逆に、ああいう思い切ったことを言って、思い切ったことをやる人だから、まるでカルトのように信奉している人たちがいるわけです。

したがって、いきなり手のひらを返して、「ニッキー・ヘイリーさん、あなたと私で仲良くやりましょう」とはさすがにいえないでしょう。まさにジレンマです。

ニッキー・ヘイリーを応援した人は大統領選を棄権する？

編集部　共和党内のニッキー・ヘイリーを応援した人は、大統領選では棄権することになるのでしょうか？

中林氏　選挙に行かないという選択肢しか残らなくなる可能性がありますよね。

先日、元の上司で共和党の重鎮の方と話をしていました。温厚な人なのですが、珍しく、目をつり上げて、「絶対にトランプにしちゃいけない」というのです。

まさに、心の叫びを吐露する感じで、「もう何が何でも、絶対ダメだ」という勢いでした。彼は、共和党の中をよく知っているし、誰が何を、どう思っているのかも、今までの政党としての文化も、政策の裏も表も全部知っているわけです。政策の作り方も知っている、もちろん、現在も知っている。

その人が、本当に心を込めて、そういうふうに、私に言うのでびっくりしました。

トランプの細部に宿っている悪魔を感じている

編集部　そこまで言う理由は何ですか？

中林氏　彼は「トランプの親に、どうしたらあのような人間を育てられるのか、聞いてみたい」とさえ言っていました。そういう許せない人格の人が大統領になれば、アメリカ社会のモラルも崩壊してしまうのではないかと恐れています。

彼は毎週日曜日に教会に行く人ですから。やはりモラルは非常に大事な要素だと信じているのでしょうね。

編集部　その人は、どのような考えの人ですか？

中林氏　政治も政策も、民主主義のもとでは最後に妥協できるのが重要であるし、難しい選択もしななければならないし、政治家としていろいろあっても、最後に覚悟を決めるのは、やはりその人が持っているモラル、と思っている人ですね。

人間とはなんぞやという深いものがなければ政治家はやってはいけないというタイプの人です。だから、トランプなんて絶対あり得ないといいます。

しかし、その彼もさすがに民主党は支持できないでしょう。財政政策、教育政策や、脱炭素からＬＧＢＴＱ＋の権利推進に至るまで、民主党は急速にアメリカ社会を超リベラルにしていくように保守派には見えてしまいます。不法移民の急増についてもそうです。

それを考えると、トランプのほうが１００倍ましだと思っている人たちも勿論たくさんいると思います。バイデンと比較すれば、トランプのほうがはるかに自分たちの信条と合致するからです。

トランプは無能ではありませんから、どうすれば票がとれて、どこにどういう信条を持っている人がいるかというのをわかった上でいろんな立場を決めています。それは相当な計算の上だと思います。

そのようなことも全部知ったうえでも、私の元上司はトランプを許せないといいます。どうも、トランプの中に「悪魔は細部に宿る」みたいなものを感じ取っているのかも知れません。

何も決まらないアメリカがまだ続くのか？

編集部 今も、アメリカは分割政府になっていますけど、バイデンが勝っても、もしかすると上院は共和党になる可能性も高く、また分割政府になって、何も決まらないという状況がずっと続く可能性はあるのでしょうか。

中林氏 そうですね。問題は、どういう性質の議員が当選してくるかです。マージョリー・テイラー・グリーンのような、売名行為が得意な人が跳ね返るような状況が生じると、やはり何も通らなくなる可能性も出てきます。

今のところ、マコネル上院議員がそれなりにまとめてきましたけれど、彼は院内総務をリタイアすると言っていますので、そうすると、次の人が誰になるかが問題です。
親トランプ派がなったりすると大変です。何も決まらなくなる可能性が十分あります。もちろん、下院がどちらの政党にどの程度の議席差で制されるかも非常に重要です。

編集部　院内総務は、日本で言う、国会対策をするみたいな人ですか？

中林氏　国対委員長と、議長と政調会長と、全てを兼ねているような存在です。政策を本会議で通す上でものすごい権限を持っています。本会議でどんな法案を取り上げるか、どんな修正案を取り上げるかということにさえ絶大な影響を与えます。

編集部　アメリカの場合、上院、下院のどちらか否定した場合には、法案は成立しないのですか？

中林氏　両方が合意しないとダメです。両方を必ず通った上で、大統領が署名をしなければ、法律としては成立しません。だから、分割政府になるとどうしても大統領令に頼ってしまいます。

しかし、大統領令は行政命令ですから、行政府にしか命令を出せません。しかも、大統領が替われば、また逆転してしまって、ころころ変わってしまいます。安定性もありませんし、正当性に疑問が出る場合もあります。

だから、法律を通すということが大切になってきます。予算は大統領令では出せません。憲法により、予算編成権限は全て議会が握っています。その予算を通すには、両方の院を通過しなければいけません。

フィリバスター（議事進行妨害）で1週間の演説さえ可能

編集部　アメリカの場合、上院も下院も両方ともすごい力を持っているということですね。それを通らないと、法律は成立しないと。

中林氏　そうです。そして、いつも問題になるのは上院のほうです。下院は、選挙が終われば議席がわかりますよね。ほんのわずかの差でも、多くとったほうが自動的に下院議長を選出していくことになります。しかも、単純過半数で全て決めることができるので、採決も基本的にはスパスパ決まりやすいです。

さらに、一人当たりの演説時間を5分と決められるような規則委員会があって、演説は時間によってスパッと切られてしまいます。しかし、上院の場合は、フィリバスター（議事進行妨害）があって、100人いる議員のうちの60人が賛成しないと、演説を止めることができません。つまり、一度指名されたら、ずっと演説していていいのです。

編集部　1時間、話し続けてもいいのですか？

中林氏　それどころではありません。3日間、しゃべり続けていてもいいのです。1週間でも。しかも、一度指名されたら、自分の話す権限をほかの人に、たすきがけで渡してもいいのです。マラソン形式、リレー形式というふうにいわれていて、それを度々発動します。

これがフィリバスターですが、それを止めるのに60票必要なので、選挙で51議席とってもしかたありません。上院は民主党と共和党が拮抗していますから、好きなようには決められません。常に相手側の政党と妥協を繰り返していかなければいけないのです。だからこそ、良識の府と呼ばれ、上院のほうが任期も6年と長いのです。逆に言えば、じっくりと議論するという院になっています。大統領の政治指名職や最高裁判事など、フィリバスターが許されなくなった承認人事もありますが、予算編成をはじめとした立法には、まだフィリバスターが残っています。

しかし、これは下院から見れば、上院では何も決まらないという批判につながります。

ワシントンからヘドロをかき出してほしいと思っている有権者もいる

編集部 話は変わりますが、トランプは大統領になったら、役人を大量に替えると言っています。それについてはどうでしょうか？

中林氏 大変ですよね。何万人も役人を替えて、自分の言うことを聞く人間だけを集めるわけです。人事も変えてしまおうということですから。現在約4000人いる政治任用のポストを、中堅幹部官僚にまで広げ、約5万人を解雇・指名可能にするとトランプは発言しており、多くの官僚が影響を受ける可能性がでます。

大量の官僚入れ替えは、トランプ氏にとって結局、何をやりたいかによりけりだとは思います。国民にとっても、トランプがやることをどれぐらい信じられるかです。

いいことをやっているのだから、どんどんやってほしいと思う人もいます。泥沼のようなワシントンをクリーンにするためにヘドロをかき出してほしいと思っている有権者は結構います。トランプ信奉者はそういう人たちです。

だから、官僚の大量解雇をよしと思っている国民もいるわけです。ただ、従来のアメリカを知っていて、行政などを縁の下の力持ちで支えてきたことを知っている人たちは、それではアメリカが大変なことになってしまうと危機を覚えるのです。先ほど私がお話した元上司もその一人だと思います。

編集部　**根こそぎ替えちゃったら、行政は止まってしまいますよね。**

中林氏　確かに、専門性がなくても、素人でもいいからイエスマンがいいということになったら、これまでのアメリカの洗練された側面も含めて失われていく可能性はあります。

ただし、私の元同僚たちの中にも、トランプ支援に入っている人たちもいます。そういう人たちがうまいこと入り込めば、なんとかなるのかも知れません。

真っ二つに分かれる二人の女性の意見

編集部　**その人たちは、トランプを信奉して入っているということですか？**

中林氏　そうでもないです。やっぱり人格的には問題があるとか、いろいろ言っています。それでも、逆張りと言いますか。少なくとも共和党の指名を取った時点で、逆張りどころか勝利の可能性は少なくとも五分五分ですから、そういうところを狙っていると思います。

ただ、真剣にトランプを応援している人もいます。政権に入ろうと狙っているわけではない人です。予算委員会の共和党側で働いただけでなく、学歴もハーバードを出て、ロンドン・スクール・オブ・エコノミクスに行って、仕事ではウォール街での経験もあり、人格も非常に温厚で、しかも信心深く賢明な元同僚の女性です。

その人と2週間前に会いました。もう一人の元同僚も加わり3人で話をしていたら、びっくりすることに、「もう、バイデンの政策は教育から経済に至るまで見るに堪えない」と切り出しました。「経済政策ひとつを取ってもトランプのほうがずっと立派だ」とも主張。「バイデンだけはとにかく打倒しなければアメリカのためにならない」と言いました。

そしたら、もう1人の、予算会で同僚だった女性が、「えー！」と腰を抜かして驚きました。トランプを擁護した元同僚に向かって、「貴女がそんなこと言うなんてビックリし過ぎて信じられない」と対峙し、「いくらなんでもトランプだけはあり得ない」と。そして「トランプが再度大統領になったら、今度こそアメリカがつぶれる」と主張して、共和党の二人の女性の意見は真二つに割れてしまいました。

編集部　**トランプの政策が正しいとする女性はバイデンの経済政策はどこがおかしいと言っているのですか？**

中林氏　彼女はエコノミストですから、インフレが主因でしょう。コロナの最初のころは緊急ですから仕方なかったけれど、バイデンは確信犯で、とんでもない経済、金融の運営をしているというふうに、彼女は主張していました。

編集部　インフレはやっぱりトランプじゃなくてバイデンがつくったという認識はアメリカの中ではあるわけですか。

中林氏　はい。特に共和党のほうには、そうした見方が根強く、広く共有されていますね。

編集部　インフレというものに対して、共和党はそうだとしても、民主党の中ではどう考えられているのでしょうか？

中林氏　民主党は、評価していると思います。コロナ禍のなか、お金を最大限使ってもらって助かった人たちもたくさんいますし、学費ローンを一部無料にしたりとか、自然エネルギーを推進できるような補助金をつけたりとか、多くのことをバイデンはしました。

トランプだからできる、あのパフォーマンス

編集部　そうすると完全に見方が分かれているのですね。この分断がトランプを生んだとはいえないのでしょうか？

中林氏　それはあり得ますね。私は2016年の選挙のときに、アメリカに分断の現状があってその結果トランプ大統領が生まれたというふうに思いました。

しかし今回の予備選挙の状況を見てみると、トランプの才能が元々あり、それがアメリカの現状にマッチしてさらに増幅させている可能性はあると思いました。トランプ以外の人、例えば、ラマスワミとか、デサンティス・フロリダ州知事が予備選挙で戦いましたが、彼らがいくらトランプと同じことを言っても、同じ熱狂を勝ち取れませんでした。やはりトランプのキャラクター、クレイジーにさえ見える猪突猛進ぶりは、常人にはとても真似ることができません。

デサンティスのようにハーバード大学を出て、IQも高いと言われる人であっても、トランプ2・0はなかなか務まらないのだなと思いました。

さきほど話した私の元同僚で良識的な女性もトランプ支持ですが、必ずしも白人労働者層とはいえず経済政策に詳しい人でもトランプ支持に回っています。、彼女は、バイデンや民主党が推進するような恐ろしい政策を打倒できるパワーは、もはやトランプしかなさそうだと言っていました。

現状では、言ってみればアメリカを改革する推進力をクレイジーさにかけているのです。ほかの人は良識があるから躊躇と妥協によって潰されてしまうのでダメだというのです。

さらに、彼女が辛辣にも言っていたのは、バイデンは何も考えていない人だと。彼は考える力も何もないし、何もやってないと言うのです。

彼女はバイデンの周りにいるリベラルな人たちが信念がありすぎて、バイデンをぐいぐい引っ張っているというような理解をしていました。

だから、その集団力を突破しないといけないので、そのためには、ある程度のパワーと馬力、クレイジーさが必要だということのようです。

妥協しながら政策を作っていこうという良識的な共和党の人たちは結構いるし、ニッキー・ヘイリーはそういう古き良き共和党を代表していました。しかし、ニッキー・ヘイリーが大統領になったのでは、集団力のある民主党にやられてしまう、妥協させられてしまって、結局、うやむやになっていくんじゃないかというような見方です。

トランプの支持層をより詳しく観測していく必要がある

編集部　かなり大胆な発想ですね。

中林氏　そうですね。ただ、いわゆる白人の特殊な層がトランプ氏を支えて岩盤支持層になっているように表現されることが多いですが、そこはもっと注意深く見ていかなければならないと思っています。意外に支持層が広がっているのです。

スーパーチューズデーを経て見えてきたことに、黒人などマイノリティーの人たちや、ヒスパニックの人たちにも意外に支持が広がっています。女性の支持はやや弱いですが、古くからいる移民の人たちなど、トランプを支持している人がわりといる側面も無視はできないように思います。

だからこそ、やはりトランプは異色な共和党の政治家だと思うのです。共和党が支持層に本来持っていなかった有権者をどんどん取り込んできています。特に、白人労働者層、元々民主党だった人たちを取り込んできたことは、時代の変遷をも映し出します。だからこそ、共和党はトランプ化をしてきました。

その意味で、幅広い層を取り込めるような、あるいはトランプのクレイジーさに期待する人たちさえ出てきているのです。今後、そこがどうなるのか、注意深く見ていかないといけないと思います。

白人が貧しくなってしまった、貧富の差で落ちこぼれた労働者の人たちが、脅威感とか不平不満で、あるいは、経済的苦しさでトランプを支持しているというだけで見るとアメリカを見誤る可能性があるように思います。

当然、そこが一番大きい根っこにあるのは確かですが、それでも、どうもそれだけでは説明できないようなアメリカ人の価値観の転換に近いものをトランプ現象が示唆しているのかも知れません。もちろん民主主義がアメリカ人の価値の根幹であることには変化はないとは思いますが。

最近困ることは、共和党の元同僚たちにトランプとバイデンについて聞くと、同じ政党支持者たちなのに、全く違う、相反する見方を披露されることとです。

それを聞くにつけ感じるのは、アメリカの制度疲労に対するフラストレーションが起こっている側面です。もちろん一人ひとり主張の違いはありますが、トランプを支持する人たちが何に期待し何を目指しているのか等を総合して考えてみると、大きなフラストレーションを感じざるを得ません。

もしアメリカに何らかの制度疲労あるいは時代に即した変化が必要だとするなら、相当のエネルギーと突破力で改革をせねばならないという気持ちが高じるのかも知れません。それは、経済政策をはじめとしたあらゆる国内政策、官僚の使い方、外国との関係など、多岐にわたるものです。

その制度疲労の突破口を、結局のところトランプに求めているのでしょう。創造的破壊という言い方もできますが、かなりリスクの高い賭けになる可能性があります。

拙速なアフガニスタン撤退で支持率が下がったバイデン

編集部　バイデン政権に批判的な層は、どこで増えたのでしょうか？

中林氏　コロナ禍やインフレも一つのきっかけでしたが、ガクッと下がったタイミングは2021年8月のアフガニスタン撤退の頃と重なります。私の元同僚はアフガニスタン撤退でバイデンがどんな大統領かわかったといっていました。

きちんと根回しもできなければ、同盟国との協働もできない。武器も大量に残してきてしまいましたし、アメリカ人の死者も出ました。政治的に老練で外交力に長けている点が協調された2020年の大統領選挙の後でしたから、驚くほど期待外れの出来事でした。

その元同僚の同級生や友人たちもアフガニスタンやイラクに行って精神的にもダメージを受け、家庭崩壊になったり、離婚したり、子どもたちとかとも離ればなれになって、仕事も就けない状況の人たちもいるとのことでした。

そういう当人たちのみならず周囲の人たちは、アフガニスタン撤退で無駄に戦争していたのかという思いをもっています。それと同時に、世界からも「アフガニスタン等でアメリカは良く頑張った」という労いの言葉もかけられていません。

そのようなことをしたバイデンが、世界の紛争や民主主義に対してコミットする資格があるのか、それさえ問う人たちが増えましたし、感謝もされないのに世界の秩序のためにアメリカが犠牲になる必要はないという内向きの気持ちに拍車がかかっているといいます。

その後、コロナの再拡大が深刻となり支持率が下がり、インフレで上がることがないまま、不支持率の方が高い状態が続いています。

民主主義より強いリーダーを求めるトランプ

編集部　中林さんは竹中平蔵氏との対談本の中で、バイデンが始めた民主主義サミットは参加国の取捨選択を見ると実質的には国内向けの意味合いが大きかったとお話していましたが、トランプは民主主義というものについてどういうふうに考えているのか、それについてお伺いしたいと思います。

中林氏　おそらく、トランプは、アメリカが民主主義とか人権などの価値の外交や安全保障に力とお金を注ぎすぎて損をしてきた、と考えていると思います。

民主主義は要らないとまではさすがに思ってはいないでしょう。民主主義制度の中で、アメリカという国が成り立っているわけですから。しかし、民主主義を言いすぎることによって、アメリカ人が損をしていると感じていると思います。

トランプが価値を見出しているのは民主主義以上に、強いリーダーであるように思われます。強いリーダーがいれば様々なことを素早く進めることができる。民主主義の名のもとに様々な意見を聞いて、妥協していてはぐずぐずするだけなので、必ずしもいいことではないと考えているようにさえ見えます。

国を引っ張り変革していくためには、強いリーダーへの権力集中も、時には必要だと感じている可能性があります。だからこそ、トランプと自然に馬の合う人といえばプーチンや金正恩や習近平という強いリーダーであり、トップ同士で決着できる人々なのでしょう。

トランプは大統領になる前は民間企業のトップとしての経歴しかありません。かなりワンマンに「お前はクビだ」と発言するキャラクターがテレビ番組でも定着したくらいで、長年かけて作られた個性ともなっているのでしょう。それは必ずしも公共への奉仕や民主主義を優先するという価値観と同一ではありません。

一方のバイデンは庶民の生まれで父親は自動車工場で働いていました。だから、少なくとも彼自身は労働者階級の人間だと自負しています。上院議員時代も毎日電車に乗って通勤していました。

バイデンは下からいろんなものを見て育った過去があるので、民主主義の大事さは身に染みているだろうと想像します。

編集部　トランプは強いリーダーと同時に、カリスマになりたいのでしょうか。

中林氏　相当なりたいのではないでしょうか。歴史にも名を残したい気持ちも強そうです。実際、金正恩と会ったのも、あそこで自分が何かディールができれば、歴史に名が残ると思ったでしょう。ただし、結果はでませんでしたが……

トランプが大統領になったら、日本は対症療法的に対応するしかない

編集部　もしトランプが大統領になったら日本はどうなるのかでしょうか？

中林氏　トランプになった場合、日本は、様々なことに対症療法的に、柔軟に取り掛かる必要が出てくると思います。トランプは何を言い出すかわからないという予測不能性を、自分の強みにしています。

そのなかで一つ心配なのは、各国でトランプに見合うような政治家が必要だというような見方が広がり、ひいては政治モラルの崩壊が多くの国に広がることです。日本も例外では

なくなるかも知れません。様々な民主主義国家でそういう事象が起こる可能性があります。トランプとわたりあうための政治家となると、良識的で紳士的で中庸を重んじる人では、なかなか太刀打ちできそうにありません。各国の有権者が極端な政治家を選んでしまうことにならないかは、トランプ氏がもし大統領になった場合の世界への影響として、警戒すべき部分だと思います。

そして貿易。いままでのルールがきちんと守られるかどうかわかりません。「アメリカ・ファースト」、自国優先主義ということになれば、対外排除的な傾向が強まるかもしれません。バイデンも「バイ・アメリカン」を唱え、貿易政策の内向き加減は両者ともに似たり寄ったりです。ただ、トランプはTPP離脱をいち早く選挙公約に挙げ、当選後即座に実行に移した過去があり、その後バイデンは大統領として復帰させることができていません。バイデンが推進したIPEF（インド太平洋経済枠組み）もトランプが当選すればどうなるかわかりません。

関税競争も高まる恐れがありますし、国際的な協調がますます難しくなる可能性もあります。資源の乏しい日本は、ものづくりから始まり自由貿易の利点を最大限に享受してきました。国際的な経済活動によって生き延びている側面がありますので、ルールがしっかかりしていないと、将来どう投資すべきの方向性も見通しづらくなりますので、日本への利益還元に影響があるかもしれません。ルールに基づいた自由貿易が担保されるかどうか、予測可能性が高まるかどうかという点が心配な部分です。

安全保障でも、エスパー元国防長官の予想によれば、日本の防衛費がＧＤＰ２％では、とても足らないとトランプは言い始めるだろうということです。アメリカは、約３・５％ですから。

編集部　ヨーロッパは２％が基準ですが……。

中林氏　ヨーロッパはそうですが、最近は増加傾向が加速しています。トランプの場合はヨーロッパと比較しようとしても「比較すべきはアメリカだろう、そんなので足りると思うのか」と主張してもおかしくなさそうです。ましてやトランプ政権で国防長官をしていた人が可能性として挙げているのですから、まんざら根拠のない話ではないと思われます。

さらに元国防長官は日本の思いやり予算も、こんなのではとても足らないというふうに言ってくる可能性も指摘しています。トランプには、〝アメリカは日本や同盟国を守るために国民の血税を使っているわけでもなければ、アメリカ自体がそのために存在しているわけでもない〟という認識がかなり強いと言われています。ビジネスで利益を上げることが正しいという価値観が相当程度身に染みている可能性もありそうです。

さらに、中国との対立が、日本に影響を及ぼす可能性も無視はできません。トランプは中国に関税60%をかけると言っています。その場合中国が、安全保障をディールのカードにして、経済的に大幅な譲歩をした場合は、トランプがアメリカのために経済的な利益を勝ち取ったことになります。安全保障を犠牲にしても、中国から経済的利益を勝ち取る、という可能性を否定することは困難です。トランプにとって、台湾や極東は遠い場所であるという認識があったとしても、それほど不思議ではありません。

トランプは短期的な果実を得るための計算をする可能性があります。トランプの頭はかなりシンプルにできているので、そういうところにも不安要素が残ります。

アメリカ経済も良くなるとは思えない

編集部　一方、もしトランプになったら、アメリカはどうなるのでしょうか？

中林氏　これは見方がいろいろです。私の元同僚のエコノミストは、トランプのほうがいいと言います。しかし、別の共和党の重鎮の方は「それはない」と言っています。

普通に考えて、トランプが現在発言していることを本当に全部実行してしまうならアメリカ経済は大混乱する可能性があると思います。

移民が入ってこなければ労働力不足になりますし、安い労働力に頼れなくなればインフレ圧力になります。関税を高くすれば相手国が払う金額だとトランプは言いますが、金額が高くなった外国の商品を購入するのはアメリカの消費者ですから、インフレ圧力になります。買い控えが起これば不景気になります。

それから、関税を高くすることでアメリカの製造業が切磋琢磨されて良くなるかというと逆で、保護的な圧力が進むから必ずしも競争力が高まるわけではありません。相手国からの報復関税も予想されます。アメリカの製品販売が海外で伸び悩むかも知れません。

そして、安全保障でも、トランプが同盟国との結びつきを弱めれば、ロシアや中国が北朝鮮と共に何をするかわかりません。ウクライナでの戦争が台湾やフィリピンや尖閣諸島に飛び火するとしたら、同盟国とのアメリカの関係が薄くなるのをじっと待っている国々が動く時かもしれません。

イスラエルが、ガザでの緊張を高め続けていますね。ネタニヤフはトランプが出てくるまで持ちこたえればいいとでも思っているのかと邪推する見方もあります。危険なゲームに及んでいます。

大統領がトランプになれば、国際秩序、安全保障、外交などに変化が生じ、さまざまな国に影響をおよぼします。だから、日本は、様々な変化に柔軟に対処していかなければならないということです。

編集部　ネタニヤフがトランプ待ちだというのは、どういうことですか？

中林氏　トランプ政権時代、ネタニヤフとトランプの蜜月ぶりは特筆するものがありました。エルサレムにアメリカ大使館を移したのはトランプが初めてです。これはネタニヤフからしたら、頬ずりしたいぐらいのできごとです。その時ゴラン高原をトランプ高原と名付けたというニュースも飛び出しました。義理の息子のクシュナーは政権に就く以前から、ネタニヤフと家族ぐるみのお付き合いだったそうです。

トランプが大統領だった時ほど、親イスラエルになった時代はないと言っても過言ではありません。トランプはイランとの核合意も破棄し、イランに対する厳しい態度を鮮明にしました。ガザでの非人道的な攻撃を止めさせたいと、バイデンがイスラエルへの武器供与を一時停止する発表をした際トランプは「バイデンはイスラエルを見捨てた」と激しく非難しました。ネタニヤフがバイデン当選時に祝電を送った事実に腹を立てたという逸話も残るトランプですが、やはり利害の一致は鮮明なようです。

さらに、ネタニヤフはトランプが大統領になれば自分の首の皮がつながるかもしれないと思っているかもしれません。イスラエル国内では総選挙を行うべきだというデモや発言が出ていますし、シューマー上院院内総務も米議会で選挙をすべきだとの発言をしました。バイデンもそれに賛同すると言いました。しかしネタニヤフ自身の政党は、現在も十分な議席を得られておらず極右政党と組んで戦時内閣を形成している状況なので、選挙をすれば権力の座から転落するのみならず、ハマスによるイスラエル攻撃を予防できなかったという責めや、汚職問題などで罪を負う可能性もあります。戦争という緊張が現政権を支えている側面もありそうです。シリアにあるイランの大使館施設を攻撃し革命防衛隊の幹部を殺害したのが、イスラエルだとされた際には、中東とアメリカに緊張が走りました。

ネタニヤフにしてみれば、イスラエルとハマスの戦いが11月の大統領選挙日まで続き、バイデンの立場が悪くなって落選すれば、トランプが返り咲くことになり、もしトランプが大統領としてかつてのように絶対的なイスラエル支援を繰り広げてくれるならば、ネタニヤフにとっては国内的にも救いの手になるのかもしれません。

トランプもバイデンも戦争はしたくない

編集部　トランプだと戦争が起きないと主張する人々はいますが……。

中林氏　トランプだったら戦争が起きないという人はいます。私もそういう話を聞きます。バイデンだから、ウクライナで戦争が起き、ガザの侵攻もあったといいます。しかし、その両方ともアメリカが直接関与しているわけではまったくありません。ウクライナについては、ロシアが短期決戦で決着できると計算し欧米もウクライナを支援しないという読み違いをした可能性が高いです。またガザについては、イスラエルがサウジアラビアなどと国交を結ぶ動きの直前に、ハマスがテロに打って出ました。これらはバイデンが直接引き起こしたものではありません。

　ただし、もしトランプが大統領だったら、彼がどのような計算をし、どのような行動に出るか予測不能なので、強権国家も二の足を踏んでしまって軍事侵攻に踏み出さないだろうという人もいます。しかしこれが深層心理にあるとしても、実際にそうなるかは証明できませんし、本当にそうなのかのエビデンスを得ることも困難でしょう。

　それでも、トランプ氏が戦争しない傾向が強いという理由の一つに、彼は商売人だからという指摘があります。そこには一理あります。戦争をすると得なことは通常ありません。なお金が使われてしまうし、人命も失います。自由民主主義の国では、いずれは反対の声が上がるのが常ですから、政治生命にもかかわります。

　しかし、アメリカは参戦していません。バイデンは限定的に援助や武器供与をしているだけです。確かにトランプは、ウクライナの戦争にはＮＡＴＯなどの欧州諸国がもっとお金を出せと主張しているので、どちらの候補もアメリカは戦争に直接巻き込まれたくないという方向性に違いはありません。ましてやトランプは、民主主義を守ろうとか、人権を守ろうとか、人間の価値を守ろうということで戦いに行く可能性はほとんどないと想定してもよさそうです。アメリカの得にならないことにお金を出す気はないのではないでしょうか。

バイデンも、ウクライナに絶対派兵しないと言っています。バイデンがウクライナ支援に力を入れて武器供与をするのは、人権や国際秩序、民主主義の問題に心を砕くからです。イスラエルに対しても、何かが起こったとしても、アメリカは派兵しないとバイデンは言っていました。また、アメリカが同盟国や友好国に兵器を供与する場合、国際法に沿って使用するという誓約書の提出を供与先に義務付けました。

バイデンは人権の問題に対して、民主党内の突き上げもあるので、かなり気を使って政権運営をしています。そして、バイデンはやっぱり戦争には巻き込まれたくないというのが本音でしょう。

トランプもバイデンも巻き込まれたくないのは同じなのですが、バイデンは国際秩序、人権、民主主義の文脈でウクライナに支援を提供し、イスラエルとパレスチナの狭間で苦しんでいます。、トランプなら、そこまで苦しむことはないように見えます。

編集部　11月の大統領選でトランプが勝つ可能性はあるのでしょうか？

中林氏　最後まで、何が起こるかわからないのが今年の選挙です。トランプが勝つ可能性は十分ありますし、現職のバイデンが勝つにしても決して楽勝ではなく、どちらが勝利するにしても、とんでもない接戦になる可能性が高いです。

共和党内でトランプ批判をしている人間が、果たしてバイデンに鼻でもつまみながら投票するかというと、そこには疑問が残ります。

ましてや、議会襲撃に関与したとして有罪判決が出れば、トランプに投票する人は減るだろうと言われていても、トランプが議会襲撃に関与した証明をするのは、非常に難しく時間がかかるらしいですから、選挙の前には判決が出そうにありません。

不倫相手への口止め料の事件の裁判もあります。これについては関与したか、しないかは帳簿改ざんなどの証拠を見ればわかります。こちらの判決は出るかもしれない。私の元上司は、判決によっては選挙に影響があるかもしれないと言っています。しかし、これもわかりません。選挙に影響するような判決とするには、その口止め料が2020年の大統領選挙に影響を与えるものであったことを証明せねばならず、ハードルは低くなさそうです。ただ不倫問題やトランプの態度などが報道の対象になり、場合によってはマイナス面が出てくる可能性も否定できません。まだまだ、最終的な展開はわかりません。

ただし、先ほどお話ししたように民主党はバイデンでまとまっています。トランプになったら大変だからと、一応、まとまっています。

しかし、共和党は違います。私の元同僚にも今年の選挙には消極的という人は多くいますが、まだ、選挙までは日にちがあります。何が起こるかわかりません。

中林美恵子（なかばやし・みえこ）

埼玉県深谷市生まれ。大阪大学大学院国際公共政策研究科博士後期課程修了、博士（国際公共政策）。米国ワシントン州立大学大学院政治学部修士課程修了、修士（政治学）。米国在住時に永住権を得て、1992年から約10年にわたり、アメリカ連邦議会・上院予算委員会で公務員として国家予算の編成に携わる。2002年に帰国。独立行政法人経済産業研究所研究員、跡見学園女子大学准教授、米ジョンズ・ホプキンス大学客員スカラー、中国人民大学招聘教授、衆議院議員（2009～2012）などを経て、2013年早稲田大学准教授、2017年教授。米国マンスフィールド財団名誉フェロー。『日経ウーマン』誌の「1994年ウーマン・オブ・ザ・イヤー」受賞。

第五章　トランプとネオコン

高畑昭男（外交ジャーナリスト）

高畑昭男氏（外交ジャーナリスト）インタビュー

ネオコンと親和性が高いバイデン ディープステートと批判するトランプ

アメリカのネオコンについて研究している高畑昭男氏。大統領選やウクライナ戦争、イスラエルのガザ侵攻において、ネオコンはどういう役割をしたのか？　トランプや陰謀説をとる多くの論者から悪の親玉のようにいわれるネオコンとはいったいどういう存在なのか？　その本当の姿を聞いた。

（2024年4月26日取材）

ネオコンという言葉は侮蔑的な意味を持ちます

編集部　トランプが2020年に大統領選で負けたのは、ネオコンがトランプから離れたことが大きいと、一部では言われていました。その点はどうなのでしょうか？

高畑昭男氏（以下、高畑氏）　ネオコンが動いたからトランプ政権がつぶれたとか、今回もネオコンが支持しているからバイデンが有利だとか、全体的な局面でそういうことは特にないと思います。

それについてお話しをする前に「ネオコン」という言葉について説明させてください。アメリカでも「ネオコン（neocon）」と呼びますが、正しくは「ネオコンサーバティブ（Neoconservatism または Neoconservative）」「（新保守主義（者）」という意味です。そして、アメリカやイギリスなどでネオコンと言うときには、ある種の侮蔑的な意味を含んでいることがあります。

その背景には、民主党から逃げ出して共和党に行って保守派になったと。「あいつはとんでもないやつだ」といったニュアンスがあるからです。日本ではそういうことにあまりこだわりなく、ネオコン、ネオコンと言っていますが、私は若干の抵抗を感じます。

このインタビューでは、時間の節約と簡略化のためにいちいち「新保守主義（者）」といわずに、あえて私もネオコンと言いますが、本来、「ネオコン」という呼称には侮蔑的意味もあることを知っておいてほしいと思います。

ネオコンは、ユダヤ系の政策知識人が圧倒的に多い。もちろん、そうでない人もいますが、基本的にユダヤ系が大半を占めます。

そして、3億人を超すアメリカの全人口の中でユダヤ系はせいぜい2、3%しかいません。だから、政治、外交の世界でもいわゆるネオコンはそれほど多くありません。どちらかといえば、少人数です。

しかし、ネオコンの掲げている思想や考え方は、聞いた人が少し考えれば、「なるほど」と頷くような「共感力」を持っています。言われてみるとそうだなという「思想の力」があるように思います。それがネオコンの持つ全体的な影響力につながっているのです。

繰り返しますが、ネオコンはそんなに人数が多いわけではありません。トランプ政権にしてもバイデン政権にしても、ネオコンはいますが、それほど多いわけではありません。ブッシュ・ジュニア政権ではかなりいましたが、その後のオバマ政権では減っています。

ネオコンは思想的影響力があっても人数は少ないですから、大統領選を動かすほどの力はありません。大統領選を決定づけたというのは一種の陰謀説であって、現実ではないと思います。

ネオコンに近いバイデン政権のブリンケン国務長官

編集部　ネオコンですが、バイデン政権の中にはどんな人物がいるのでしょうか？

高畑氏　その前に、まずはブリンケン国務長官についてです。本人自身はネオコンではありません。しかし、多くのネオコンと同じように彼もユダヤ系です。彼の両親は離婚していますが、母親が再婚した相手はポーランド系のユダヤ人で、ナチスドイツの大量虐殺から生き残った人物です。

ブリンケン氏も議会上院の指名公聴会演説の中でそのことに触れています。思想的にも民主党内で「リベラルタカ派」（Liberal Hawks）と呼ばれるグループに近く、彼の友人の一人には、ネオコン思想家で有名なロバート・ケーガンという人物がいます。

このロバート・ケーガンとブリンケンは前回の大統領選前の2019年1月に連名でワシントン・ポストにオピニオン記事を寄稿しています。

その内容はトランプの「アメリカ・ファースト」(米国第一主義)は間違っているというもので、「もっと良い世界にするためのアプローチがある」と主張しました。それには4つポイントがあり、一つは予防外交と抑止、二つ目がルールに基づいた自由貿易や自由競争、三つ目が同盟と国際協調を図ることです。つまり、ヨーロッパの北大西洋条約機構(NATO)、アジアでは韓国や日本、オーストラリアなどの同盟・パートナー諸国ときちっと連携をして協調していくべきだと語っています。トランプは同盟を軽視する人ですから、それに対する批判です。四つ目は開かれた移民、難民政策です。

この一つ目に挙がっている予防外交が、いわゆるネオコンの外交・安保思想の重要な柱といえるでしょう。もちろん、予防外交という考え方自体はネオコンだけの主張ではありませんが、強い軍事力を備えておいて、必要に応じて中国やロシアなどの行動を事前に抑止していくという考え方です。

バイデン外交を支えるブリンケン長官はネオコンではありませんが、このことを見ても、ネオコンの外交思想に近い人物と言えます。さらに、ロバート・ケーガンの奥さんはビクトリア・ヌーランドという人です。

2014年のマイダン革命に関与したヌーランド氏

編集部 この人の名前はよく聞きます。

高畑氏 彼女はオバマ政権で欧州担当国務次官補を務め、2014年にウクライナで起きた「ユーロ・マイダン革命」という民主化革命を裏から支えた人物です。

親ロシア派の大統領を追放した革命ですが、それに対して怒ったロシアのプーチン大統領は、クリミア半島を力ずくで奪ってしまいました。彼女はそのために「威勢のいいことばかり言って、実際にはクリミアを取られちゃったじゃないか」と、のちに批判されています。

トランプ政権になって、彼女は政権から離れますが、バイデン政権になると国務省に返り咲きし、国務次官補よりもワンランク上の国務次官に登用されています。

2年前にウクライナ侵略戦争が始まったとき、彼女は次官ですから前面には出ませんでしたが、部下を使って支援工作をしていたようです。その後も筆頭国務次官に昇格し、2

023年7月には、国務副長官（女性）が引退したために、副長官代行を命じられています。

ですから、彼女は着々と出世しています。バイデン大統領がネオコンをうまく使っている例ともいえますね。

中東問題専門家のマクガークもネオコンか？

高畑氏　もう一人挙げると、ブレット・マクガークという外交官がいます。私は、この人をネオコンだと考えていますが、本人はとくに認めていません。

この人は中東問題の専門家で、昨年10月に始まったイスラエルとハマスの戦闘でも注目されています。もともとブッシュ・ジュニア政権時代に中東専門家として採用され、中東・北アフリカ担当大統領補佐官や国務副次官補などを歴任しています。さらにオバマ政権でもトランプ政権でも留任した有能な人物です。

トランプ政権では「イスラム国」担当補佐官でしたが、トランプがシリアから米軍を無理やり撤退させたために、「中東の米国の抑止力が損なわれる」と抗議して辞任しています。そして、バイデン政権になって国家安全保障会議（ＮＳＣ）の中東担当上級補佐官に抜擢されました。イスラエルとハマスの戦闘を巡り、エジプトなどで行われている停戦や人質交渉のアメリカ側の代表団を率いているといいます。

最後にもう一人、76歳になるエリオット・エイブラムスがいます。ベテランのネオコンとして有名で、レーガン政権時代には、若い外交官としてイラン・コントラ疑惑に巻き込まれて批判されたことのある人物です。

バイデン政権では広報文化外交諮問委員に任命されています。これは目立たない仕事ですが、アメリカの国際的イメージを高めるという戦略的に大切な任務を背負って、超党派で指名される委員です。外交の第一線ではありませんが、戦略的な広報外交の大切な役目を担っています。

他にもネオコン系の人はいます。トランプ、バイデンに関係なくワシントンには政治・外交・安保関係で様々なシンクタンクがたくさんあります。その中で、保守系のＡＥＩ（American Enterprise Institute）というシンクタンクがあります。最近はあまり表立っていませんが、そこはネオコンの人たちが集中して存在しています。

「力による平和」を主張しアメリカ例外主義の思想に近いネオコン

編集部　先ほど、ネオコンの思想は影響力が強いとおっしゃいましたが、なぜでしょうか？

高畑氏　アメリカ例外主義（American Exceptionalism）という言葉があります。アメリカ建国時代に、ピューリタン（清教徒）たちがメイフラワー号でアメリカへやってきました。その10年後（1630年）、マサチューセッツ植民地の初代総督は「我々は『丘の上の町（City upon a Hill）』とならねばならない。世界の目が注がれている」と演説しました。この「丘の上の町」という言い方が「アメリカ例外主義」の象徴として歴代大統領の演説にもよく登場する言葉です。

「私たちは神に選ばれた民であり」、「世界のどこからでも見える丘の上に理想の国家を築く」という。「我々は世界の模範になる」という建国者たちの目的意識を鮮明にした言葉なのです。

それがアメリカ例外主義の始まりですが、ネオコンの人たちも、このアメリカ例外主義の思想に近いといえます。だから、アメリカには彼らの思想に共感したり、共鳴したりする歴史的な土壌や基盤があります。これはアメリカ人だけでなくイギリス人にもあります。

ネオコンの彼らが考えていることを簡単にいうと、レーガン大統領が掲げた「力による平和」です。用心のために力を保ち、世界に自由と民主主義、人権といったアメリカ的な価値観を広げていって、それに基づく秩序を築くということです。

アメリカやイギリスでは、理念的にこれに共感する人が少なくありません。他の民主主義や自由主義の国々の人々も共感します。私も必ずしも全面的に賛成ではありませんが、共感する部分は多くあります。中国やロシアのような全体主義や権威主義の秩序になってほしくないと誰もが思うからでしょうか。

編集部　それとトランプの考え方は、あまり親和性がないのでしょうか？

高畑氏　レーガン大統領やネオコンが掲げた「力による平和」には、「道義」と「力」という二つの要素があります。

「力」（軍事力）だけなら、トランプのアメリカも、バイデンのアメリカも、習近平の中国も、プーチンのロシアも持っています。しかし、「力による平和」という概念には、多くの人が共感する要素としての「道義」が伴います。

「道徳的美徳（moral virtue）」というか、「道徳的影響力（moral power）」というか、言い換えれば、自由と民主主義、人権、自由競争、信教の自由といった道義的な価値がプラスされています。これらの二つがそろって初めて「力による平和」という秩序の概念思想が成り立つのです。そして、それを担うことができる唯一の国がアメリカだとする考え方なのです。

トランプの「アメリカ・ファースト」では、アメリカの利益が第一と主張します。相手が好ましくない人や国家でも、中国でもロシアでも、アメリカの得になるのであればディールしてしまえばいいとなります。トランプ1期目で掲げられた政策の中には、ネオコンが求める道義性が明確には見当たりませんでした。

そこがネオコンとの大きな違いです。2016年の選挙でトランプは、1980年代のレーガン政権にならって、「力による平和」を掲げました。しかし、実際に就任しても自由や民主主義といった道義になかなか言及しませんでした。ネオコンにすれば、「そこが違う」という感じなのです。

思想的に親和性があるが、軍事が嫌いなバイデン

編集部　一方、ネオコンにとってバイデンは支持できると……。

高畑氏　そうです。道義の部分に共感して参加しているネオコンも少なからずいます。ただし、気になるのは、バイデンは軍事に関することが嫌いなようです。中でも、力の効用といったことについて考えるのが嫌いなようです。

バイデンは2020年の大統領選の公約などでも、「軍事よりも外交が重要」としていました。そして、中国との関係については「ライバルではあるが、軍事的脅威はない」なども語っていました。

現実は西太平洋の軍事バランスが「中国優位に傾きつつある」と指摘され、台湾海峡の緊張も高まっていました。しかし、彼にはそういう認識はないようです。だから、その点で、ネオコンにとって「バイデンでは何かが足りない」と感じているのではないかと思い

ます。

編集部　**しかし、バイデンのときに、ウクライナ戦争も、イスラエルのガザ侵攻もありました。軍事が嫌いだと言っても戦争は実際に起こっています。**

高畑氏　おっしゃる通りです。戦争は目を背けていれば起きないというものではありません。バイデンは戦争を避けられませんでした。トランプには道義性は感じられなかったけれど、脅威には正面から向き合うところがありました。軍事面でも強面で、例えば国連総会演説で北朝鮮に「それ以上やったら、お前の国は跡形もなくなるぞ」といわんばかりの脅しをかけました。これを聞いて、北朝鮮は怯んでしまいました。

そういうところが、実はバイデンにも欲しいように思います。バイデンは第一に、軍事力をうまく使って紛争を解決するのを避けようとしているように見える。話し合いだけで解決しようとする。第二に、軍人や軍事専門家の意見を聞こうとしないという批判もあります。

バイデン氏には軍事行動に関してトラウマといっていいようなエピソードがあります。

バイデンは長い間、上院外交委員長を務めていました。そして、イラク戦争の時にブッシュ・ジュニア大統領が戦争を始めるにあたって武力行使承認決議案を議会に提出しました。上院はそれに賛成し、もちろん外交委員長だったバイデンも賛成しているわけです。

ところが、その後、イラク戦争は大失敗だとして世間からもたたかれた。それ以来、バイデン氏は戦争や武力行使を忌避するようになったといわれています。いわば、「羹《あつもの》に懲りてなますを吹く」ような感じで、軍事にタッチしないようになったとされています。

軍事嫌いなゆえに失敗したアフガン撤退とウクライナ戦争

高畑氏　例えば、バイデンがオバマ政権の副大統領だった2011年に、アメリカは特殊部隊をパキスタンに出して同時テロの首謀者だったウサマ・ビンラディンを殺しています。そのときに最後まで慎重論を唱えていたのはバイデンです。当時のヒラリー・クリントン国務長官から批判されたほどです。

また、大統領に就任した2021年の8月にアフガニスタンの駐留米軍を撤退させていますが、軍側の準備と手順に関する説明をよく聞かずに拙速に撤退させています。そのために現地の治安が急速に悪化してしまい、多くの犠牲と混乱を生みました。

首都カブールの北に「バグラム空軍基地」という米軍保有の巨大な空軍基地がありました。米軍はここを拠点にタリバンとの戦いやテロ対策などを行っていました。バイデンはこの基地も「とにかく撤去せよ」と言って、全軍撤退完了期日の1カ月も前に全面撤退させてしまいました。

その結果何が起きたかというと、カブール首都圏の治安が悪化し、タリバンにいとも簡単にアフガニスタンを奪われてしまいました。本来なら、バグラム空軍基地を最後まで確保して、アメリカ軍の威圧と抑止力をキープした上で徐々に撤収を進めていくのが常道と思われましたが、そうはしなかった。バイデンの失敗として米メディアなどに批判されました。

さらに、2年前のウクライナ侵略のときにも、武力行使を初めから忌避するがゆえに、私に言わせれば大失敗をしています。侵略は2022年2月に始まりましたが、バイデンは大統領に就任した2021年の春から暮れまでに、一度はプーチンと直接対面のサミットをやり、他にも2度か3度、電話による首脳会談をしています。そのたびに、バイデンはプーチンを刺激したくない思いがあってか、「米軍は介入しない。米兵は派遣しない」

と、何度も繰り返したと伝えられています。

トランプ流の強面とはまったく逆です。例えば、これから喧嘩になるかもしれない相手に向かって初めから「僕は手を出さないからね」と言ったら、何の抑止力にもなりません。喧嘩になることも想定した口上としては最悪のやり方だったのではないでしょうか。

プーチンは1回目にはおそらく「こいつ、うそを言っているのではないか」と疑ったかもしれませんが、2回、3回と「米軍は介入しない」と聞いたので、安心してウクライナ侵攻に着手したのではないかと私は考えています。

本来であれば、武力行使の用意があるかないかについて、少なくとも意図的に曖昧にしておくべきでした。「もしかすると、米軍（またはNATO軍）が介入するかもしれない」と思わせておけば、プーチンが二の足を踏んでいた可能性もあります。

また、プーチンは「ロシアには核兵器があるぞ」と脅しました。バイデンはそれを聞いて、「ロシアと第三次大戦、あるいは核戦争を起こしてはならない」と反応したりして、結果的にプーチンの脅しに乗った形になっています。

だから、ウクライナに対する武器支援でもすごく及び腰で、too little, too lateと指摘されています。戦車にしても、F16戦闘機にしても、ATACMS（エイタクムス）という射程300kmの正確なミサイルにしても、もっと早く投入していれば、ウクライナの反撃に役立ったかもしれません。

バイデンは軍事力の政治的効用とでもいうものについて、うといのではないかと思います。軍事力を行使せよというのではなく、言葉の上でも抑止力としても、いかに役立てるのか。そういうことが不得手な人なのではないでしょうか。だから、ネオコンからすると、その点は不満なのではないかと思います。

軍人からも嫌われているバイデン

編集部 軍人は、バイデンを嫌っているというか、距離を置いているんですか?

高畑氏 アメリカの軍人はきちんと教育されています。日本の自衛隊も同じだと思いますが、文民統制、政治主導が基本ルールですから、どんなに意見が合わない人でも、命令を受ければ「はい、わかりました」と従います。批判や不満はなかなか表に出てこない。ですが、結構不満を持っている軍人は少なくないと思います。

バイデンは軍人が不満を抱きそうなことを他にもやっています。トランプは国防費をどんどん増やしました。バイデンも少しは増やしましたが、インフレ率などを計算すると、実質は削減になっています。さらに、台湾海峡を巡る緊張の中で指摘されているのは、中距離核ミサイルの配備計画をやめてしまったことです。

父ブッシュ政権は、アメリカ軍がインド太平洋地域に中距離核ミサイルを置かないという政策を打ち出して全部撤収しました。この政策に縛られてオバマ政権までこの地域での中距離核ミサイル配備の動きはありませんでした。その一方で中国は着々と中距離ミサイルを増産してきました。

しかし、トランプ政権は「これでは中国とバランスがとれない」として中距離の核ミサイルを増産、配備する方向に舵を切ったのです。ところが、バイデンはこれを全部止めてしまいました。

現在、全世界レベルではアメリカが中国に対して大陸間弾道ミサイル（ＩＣＢＭ）や爆撃機、戦略核原潜などで優位を保っています。しかし、中国や台湾、日本などの地域レベルで比べると、中国が圧倒的に有利になっています。

台湾の対岸の福建省などには中距離核ミサイルが数百基あると言われています。中国がこれを使って日本や台湾に脅しをかけた場合、米国にとって対抗する中距離核ミサイルはこの地域にありません。ゼロです。だからといって、アメリカが米本土からICBMを中国に打ち込むということになれば、米中の核戦争にエスカレートしてしまいます。ICBMを保有していると言っても、実際には使いづらいのです。

だから、トランプは、将来、必要があれば日本や台湾、韓国などにも配備できるように、あるいは、グアムやオーストラリアに配備できるように中距離核ミサイルを復活させようとしたのです。これをバイデンはやめてしまいました。

だから、アメリカの軍人たちの中には、不満を持っている人は相当いると思います。

シンクタンクJINSAにいる元軍人のネオコンたち

編集部 アメリカはウクライナ戦争で軍事兵器を提供はしています。そうすると、国防族は別として、軍事産業はバイデンの政策を支持しているのでしょうか？

高畑氏 そう思います。軍事産業はすごく潤いますからね。

編集部　ネオコンは軍事産業と関係しているのでしょうか？

高畑氏　ネオコンが直接軍事産業に入り込んでいるかどうかについて私は詳しく知りません。しかし、ネオコンが進める政策は軍事力の増強と関係が深いので、当然、軍事産業、国防産業が潤う材料や要素がいっぱいあります。そういう意味では、ネオコンが軍事産業に入り込んでいるというよりもネオコンの主張、あるいは政策が軍事産業から歓迎されているということだと思います。

編集部　軍事産業からネオコンに寄付というか、政策資金が出るということはないのでしょうか？

高畑氏　ネオコンだけが突出して軍事産業と深く結びついているとは言えないでしょう。しかし、彼らの得意分野は外交・安保ですから、軍事産業と深い関係の人も少なからずいると思います。

軍人にもユダヤ系やあるいはユダヤ系でなくても、ネオコンの思想に共鳴する人は多いのです。そういう軍の出身者たちが結集しているユダヤ系シンクタンクで、「ユダヤ人国家安全保障研究所」（Jewish Institute for National Security of America、略称ＪＩＮＳＡ）が知られています。１９７６年に設立され、アメリカとイスラエルの軍事的協力を強化し、イランの核兵器開発に備えた相互協力体制の確立などを訴えています。ここにはネオコン系、あるいは、その支持者がいっぱい集まっているといわれています。

レーガン政権や、ブッシュ・ジュニア政権がイラク戦争をしたときに、ＪＩＮＳＡと政権のネオコン系指導者とのつながりがよくいわれていました。そういうつながりは、現在でも、もちろんあると思います。

孤立主義のトランプ、力を持たないウィルソン主義のバイデン

編集部　高畑さんが『トランプ政権の分析』（日本評論社）で触れているＪＨＩ（ジョン・ヘイ・イニシアチブ）はどうなのでしょうか？

高畑氏　ＪＨＩは既に活動を休止しています。２０１６年大統領選に向けてつくられたアドホックな組織でしたから。この組織の目的は、共和党選出の大統領を当選させることにありました。彼らが大統領としてイメージしていた一人はミット・ロムニー・マサチューセッツ州知事でした。

　ロムニーは共和党の本流といえる政治家で現実主義者でした。強硬派ではないけれども、かなり思い切ったことをやってくれるだろうと、保守の期待を集めていました。しかし、予備選が始まると、ロムニーは急速にしぼんで、トランプになってしまいました。だから、ＪＨＩも、その時点で雲散霧消し、解散状態になってしまったのです。

　その後は、ＪＨＩに結集したネオコンやそれ以外の人々も含めて、ネオコンは大きく二つに分裂しました。

　一つは、「ネバー・トランプ」と呼ばれたグループです。この人たちは、トランプの「アメリカ・ファースト」が内向きで孤立主義的だからアメリカのためにならないと考えました。そのために「絶対にトランプを支持しない」と唱えたグループです。トランプを大統領にしないためには、「ヒラリー・クリントンに投票してもかまわない」と考えた人もいました。

もう一つは、じっと事態を静観したグループです。トランプ政権の国家安全保障担当補佐官になったジョン・ボルトンはその一人でした。結局、ボルトンも最後はトランプと縁を切って、トランプを批判する回顧録を出しましたが……。

編集部　高畑さんの『トランプ政権の分析』ではトランプの外交思想は孤立主義であるとしていますが、バイデンの外交思想はどのようにお考えですか？

高畑氏　建前としては、バイデンは同盟や国際機関との協調を重視するとしています。さらに自由や民主主義、人権などの価値を重視するとしています。これはウィルソン主義と言っていいと思います。

ただし、ウィルソン主義は、強い抑止力としての「力」（軍事力）を絶やさないのが前提です。ところが、先ほど触れたようにバイデンはいわば「軍事嫌い」ですから、その点が欠けています。力に頼ろうとしないウィルソン主義といっていいでしょうが、中途半端な感じを受けます。

ウクライナ戦争をネオコンが起こしたというのは陰謀論者の買いかぶり

編集部　ウクライナ戦争で、ネオコンの動きはあったのでしょうか？

高畑氏　先ほど挙げたロバート・ケーガン夫人のビクトリア・ヌーランドはウクライナ戦争が起きたとき、ウクライナに対する軍事支援をもっと早く強化してほしいという気持ちだったと思います。

ネオコン的思想からすれば、そうなります。しかし、バイデンが相手では、なかなかそうはいかなかったということだと思います。

編集部　これは陰謀説みたいなものですけど、ネオコンが親米のゼレンスキーを大統領にして、ロシアと対決させたみたいなことはあったのでしょうか？

高畑氏　それはないでしょう。ゼレンスキーだろうが、別の人だろうが、民主的な指導者を選ぶ方向にウクライナを支援してきたのは、アメリカ国務省の考えであったのは事実だと思います。

しかし、陰謀論的に、将来プーチンと戦わせるためにやったということではないと思います。

ウクライナは非常に複雑な国です。真ん中から東はロシア系が多くて、できればロシアと仲良くしたい。西半分はＥＵにほとんど入ったような位置にありますから、早くＥＵの仲間入りをしたいと考えています。

その両方のせめぎ合いがあった２０１４年に、親ロシア派のビクトル・ヤヌコビッチ大統領は、ウクライナ議会で決まったＥＵとの市場協定を一転して「履行しない」という独断的決定をしました。これに国民が怒って議会を取り囲むデモを行ったのです。その当時、ヌーランドらが民主化の動きを支援していたのは事実です。また、バイデンも副大統領時代に複数回、ウクライナを訪問して民主化運動に積極的にかかわっています。

しかし、先ほどお話しした通り、ヌーランドたちはプーチン政権にクリミア半島を武力でロシアに編入されてしまい、逆に批判されています。

また、今回のウクライナ戦争もネオコンが裏で画策したということではなく、バイデンの「米軍は介入しない」という戦略的に間違ったメッセージが、軍事侵攻を招く要因の一つになったということだと思います。ウクライナ支援も、ネオコンが強く主張したから、アメリカ議会で圧倒的な支持を得たのではありません。アメリカの政治外交プロセスは陰謀説のように単純なものではありません。

もともと、ロシアとの長い歴史の確執を踏まえて、自由と民主主義を求めて西側接近を希求するウクライナ国民の姿勢がアメリカの共感を呼び、支援につながっているのです。ネオコンを毛嫌いするトランプでさえ、大統領時代の２０１７年12月に、アメリカとして初めてウクライナに殺傷力のある兵器の供与に踏み切っています。オバマ政権ではあり得ない決断でした。

ゼレンスキー大統領は民主的指導者ということでネオコン知識人たちにも支持されています。それは事実ですが、ゼレンスキー政権の民主化とＮＡＴＯ、ＥＵ加盟路線はネオコンとは無関係にアメリカ議会で超党派の圧倒的支持を得ています。決してネオコンが支持したからでもなく、ネオコンが扇動したわけでもありません。だから陰謀説には信憑性がないと思います。陰謀説を信じる人は、ネオコンの政治的影響力を買いかぶりすぎているのでしょう。

トランプ政権の時に起こったアメリカの中東政策の転換

編集部　イスラエルのガザ侵攻については、ネオコンの動きはあったのでしょうか？

高畑氏　イスラエルにとって、ネオコンの支持は絶対的に重要です。先ほど説明したマクガークが中心になって、ガザの停戦とイスラエルの人質解放を積極的に行おうとしています。

２０２３年10月のハマスによるイスラエルへの越境攻撃では、１２００人以上のイスラエル人が殺され、２５０人ほどの市民が人質になりました。イスラエルにとってはアメリカの9・11同時多発テロに等しい衝撃的事件です。ハマスに対する反攻作戦はネオコンも含めて幅広い支持を得ました。

この背景として重要なのは、トランプ政権の時にアメリカの中東外交に大きな政策転換が起きていたことです。イスラエルはアメリカにとって非常に重要な国で、中東では唯一の民主主義国です。さらにアメリカの政財界にユダヤ系が多く、つながりも深いから、イスラエルを絶対につぶしてはいけない、というのが歴代のアメリカの政権でした。これは現在も変わりません。

しかし、パレスチナ問題に対しては、イスラエルは時に行きすぎて人道的問題を起こしてしまいます。これをなんとか解決しなければいけないと、キッシンジャーの時代から頭を痛めていたわけです。

トランプ政権では、アブラハム合意と呼ばれるものを中心とする「イラン包囲網」外交に大きく転換しました。それを主導したのがポンペオ国務長官を筆頭とする中東政策チームで、マクガークなどのネオコン系も含まれています。

アブラハム合意は、2020年8月にイスラエルのネタニヤフ首相とUAEのアブダビ皇太子が、そして9月にはイスラエルとバーレーンが国交正常化に合意したことを指します。

これらの狙いは、イスラエルと親米アラブ諸国が国交正常化を通じて連携・協調し、ともにイランの脅威に対抗することにあります。最終的には中東の盟主であるサウジアラビアとイスラエルの関係正常化を目指しており、これが成功すれば、イラン包囲網が完成します。

なぜ、イランを包囲するのか。それはイランが「抵抗の枢軸」としてハマスに武器や資金を支援し、レバノンのヒズボラを支援し、イエメンのフーシを支援してイスラエルに武力攻撃をさせ、アメリカの中東外交や中東和平の達成を邪魔しているからです。

さらに、イラン革命以来、革命防衛隊をシリアやレバノンに派遣して、イスラエルに対するテロなどを支援しているからです。だから、中東がいつまでも安定しない根本的問題はパレスチナではなく、イランにあると判断したわけです。そして、イランを包囲して、その活動を封じれば、ハマスやヒズボラなどに対する支援を根絶することが可能になります。

現在、パレスチナの統治権力は二つに割れています。ヨルダン側西岸を支配するPLOのファタハと、ガザを支配するハマスとに分かれています。ファタハはイスラエルとパレスチナ国家を並列・共存させる「2国家共存方式」を支持していますが、ハマスやイランはこれを拒否しています。ファタハについては汚職などの批判もありますが、ハマス以外の勢力がガザ地区を統治できれば、イスラエルとパレスチナの二国家を並列させる「永続的解決」に道を開くことができるという構想といえます。

トランプ政権は歴代政権がとってきた中東政策よりも回り道のように見えるかもしれま

せんが、真の問題であるイランを封じてから、パレスチナ問題を解決するという方向に大きく舵を切ったのです。

このアブラハム合意による「イラン包囲網」外交は、基本的にバイデン政権にも引き継がれています。だから、今回のハマスによる奇襲作戦は、この「イラン包囲網」外交をつぶすためにハマスが画策した作戦だったのではないかとみる意見も少なくありません。イランは「関係していない」と主張していますが、ガザの衝突がエスカレートすれば、サウジアラビアは当面、イスラエルと国交回復が難しくなることでしょう。結果的にイランにとって有利な情勢になることは否定できません。

今回も大統領選を左右する力はネオコンにはない

編集部　先ほど、ネオコンは大統領選を左右するほどの力はないという話でしたけれど、今回の大統領選でも同じなのでしょうか。

高畑氏　それほどの力はないと思いますね。ネオコンの人たちが影響力を持つとすれば、主に外交と安全保障の分野に限られるでしょう。

２０２０年の大統領選では、主な争点は外交・安全保障ではなくて、トランプ流のＭＡＧＡ（Make America Great Again）や移民問題で、どちらかというと経済や内政問題でした。内政問題でそこまでネオコンの影響力はありません。今回も同じでしょう。

確かに、ネオコンでも、内政を専門にやっている人もいなくはありませんが、アメリカ全体の政治を動かすほどの力はないと思います。

今回の大統領選でも多くのネオコンはバイデン支持に傾きがちだと思います。しかし、ネオコンは「もぐり商人」（インタールーパー、Interloper）などと呼ばれています。ネオコンの人数は少ないので、一方に偏って、それが排除されたらそれっきりになります。

だから、必ず人脈を使って両張りをします。一方にすべてをかけるのではなくて、両天秤にかけておくのがうまい人たちです。多分、「トランプは絶対ダメ」とはいわずに、じっと黙っているネオコンの人たちもいると思います。そして、もしトランプ政権になったら、もう一度政権にもぐり込んで、中からトランプ政権の外交・安全保障を変えようという人がいるはずです。

トランプ政権１期目の内実についてネオコンの大多数はよく理解していると思います。

2016年の大統領選の時より、2020年は多くのネオコンがバイデン陣営に流れていったと思います。しかし、いま申し上げたように、中東政策の標的をイランにすげかえるという大転換を実施したのはトランプ政権でした。しかも、ネオコンが入ってそういうことをしました。

ネオコンの中でも、トランプ政権だろうがバイデン政権だろうが、中東政策を変えたいという理想を持ってトライした人がいたわけです。同じことが今回もあり得るのではないでしょうか。仮にトランプのカムバックを考えると、マクガークは一度、トランプとケンカしていますから本人が採用されるかわかりませんが、この人の息のかかった人が必ず入ってくるのではないかと思います。

アメリカの外交・安全保障分野では根を張っているネオコン

編集部　ネオコンに政権を変えるだけの力はないと思いますが、政界に根を張っているとはいえるのでしょうか？

高畑氏　それは言えると思います。特に外交・安全保障に多いです。それ以外の分野でも、例えば、人権問題や信教の自由の分野では、女性のネオコンも多くいます。

ネオコンはユダヤ系で、ホロコースト体験を経てきています。そういう事態を二度と起こしてはならないという強い認識がありますから、人権問題や信教の自由についての専門家は多くいます。この人たちは、バイデン政権に限らず、オバマ政権、ブッシュ・ジュニア政権のときも、それなりにいたように思います。

編集部　トランプが言うようにディープステートにネオコンはいるのでしょうか？

高畑氏　これは見方の違いですね。さきほどのマクガークのように政策を追求する人はいると思います。これはネオコンに限りません。トランプは、こういう人たちも含めて「闇の政府」と言っています。「俺の言うことを聞かずに勝手に政治を動かしているのは許さない」と、大統領になったら一掃すると言っています。

そういう中には当然ネオコンも入ることになるかもしれません。しかし、客観的に見ればマクガークもトランプやバイデンに任命されて政府に入ってきている人ですから、決してディープステートの構成員とは言えないと思います。

その一方で、政治任命を受けた人の下にはさらに多くの無名の人がいて、中にはネオコン系の若手もいるかもしれません。ディープステートと言えば、言えるわけです。

ディープステートという言い方はトランプが選挙で国民受けするために持ってきたような言葉ですから、きちんとした概念があるわけではないと思います。

アメリカ建国初期の第7代大統領にジャクソンという人物がいます。民主党の生みの親といわれています。ワシントンから始まって6代目までは、民主主義といっても、アメリカ社会の中で貴族的な人が選ばれて政治をやる、どちらかといえば名士たちが選ばれて政治を指導する共和制的な制度だったわけです。

それに対してジャクソンは、「ジャクソニアン・デモクラシー」という考えを持ち込んで、「勝利した俺が全部決める。俺が任命拒否した者は公務員になれない」と言って、「スポイルズシステム」（猟官制度）と呼ばれる政治任用制を導入しました。

トランプ氏のスタイルを見ていると、それに近いような気がします。政治的知識や一般教養の乏しい人たちにディープステートと言えば、みんな簡単に信じ込みますから、彼らに迎合しているように感じられます。いわばジャクソニアン・デモクラシーのような激変を復活させて、アメリカの政治をひっくり返そうとしているような危険な感じも受けます。

ネオコンのスタートはアービング・クリストル

編集部 話が原点に戻ってしまいますが、歴史的には、ネオコンのスタートはどこになるのでしょうか？

高畑氏 ネオコンが誕生したのは１９６０〜70年代といわれています。新保守主義の「始祖」（生みの親）と呼ばれるアービング・クリストルは、ニューヨーク市のユダヤ人家庭に生まれた文芸評論家・社会学者です。学生時代にはトロツキスト派の共産主義にかぶれた時期もあり、左翼リベラル思想を掲げていました。

しかし、１９６０年代の新左翼系のベトナム反戦運動や「フリーセックス」、ドラッグなどの過激な風潮に強い違和感と反発を覚えるようになりました。そして、１９７２年の大統領選で民主党が反戦左派のマクガバンを党公認候補に選出したのを契機に民主党に幻滅を感じて、共和党のニクソン候補を公然と支持しました。周囲のユダヤ系知識人たちは、クリストルの行動を「リベラルに背を向けて、保守に逃げた」と批判し、侮蔑を込めて「ネオコン（新保守主義）」と呼びました。これがネオコンのはじまりとされています。

クリストル自身は外交や安全保障にあまりタッチしていません。ですが、彼に同調した仲間たちの多くは、反戦左派に支配されてしまった民主党を本来の反ソ連、反共産主義外交に復帰させようとして活動を深めていきます。その重要な足がかりを務めたのが、「民主党タカ派」で知られたユダヤ系のヘンリー・ジャクソン上院議員でした。今でも、このヘンリー・ジャクソンは共和党タカ派の間でも尊敬されている人物です。

ヘンリー・ジャクソン上院議員は対ソ連強硬論を掲げて共産主義や全体主義とは戦わなければいけないと主張しました。1970～80年代にかけては、ネオコン系知識人たちは共和党、民主党の枠を超えて対ソ強硬論を展開し、さまざまな政策提言を行いました。1980年の大統領選で共和党のレーガンが勝利すると、多くのネオコン（一部は民主党員のままで）が共和党政権に参加して活躍しました。同じようなことが2001年のブッシュ・ジュニア政権でも起きて、「第二世代」と呼ばれるネオコンたちが政権に入りました。

一方、民主党にもタカ派の系譜が残っており、彼らは民主党のリベラルタカ派（Liberal Hawks）と呼ばれるようになります。ネオコンとは袂を分かったけれども、思想や政策はかなり似かよっています。ブリンケン国務長官はこのリベラルタカ派とされています。

日本はうまくネオコンと協調して政策を進めていくべき

編集部　最後の質問ですが、ネオコンに対して日本はどういう対応をしていけばいいのでしょうか？

高畑氏　私個人としては、ネオコンが掲げる思想や考え方は、世界に通じる説得力を持ち、それなりに影響力もあると思います。自由や民主主義、人権といった価値を重視する思想も正しいと思います。だから、現在まで続いている国際平和秩序、人によっては「リベラル国際秩序」と呼ぶ人もいますが、自由と民主主義に支えられた秩序を将来も維持していくというネオコンの主張には共感できます。

もちろん、こうした価値や秩序の重要性は、共和党の保守現実主義者にも共通しています。民主党のリベラルタカ派もそうです。ネオコンの専売特許ではありません。しかし、だからこそこうした考え方には普遍性があり、日本にとっても非常に有意義であると思います。ネオコンがアメリカに存在し、アメリカの政権の中でそういう理念に基づいた外交・安全保障が展開されているときは、日本にとっても心強いパートナーになり得ると思います。

現在のアメリカは相対的に力が衰えてきて、アメリカ単独ではやっていけません。そのため、日本も重要だし、オーストラリアも重要だし、ヨーロッパも重要になっています。だからこそ「民主主義諸国が手を携えていかなければならない」という認識はアメリカにとっても日本にとっても必要だと思いますし、その点でもネオコンは役に立つ存在だと考えます。

しかし、個別具体的には、例えば、思いやり予算をもっと増やせとか、台湾が何かあったときに日本の自衛隊も出兵しろとか、言ってくることも考えられます。そういうときは、日米安保条約の条文で「それぞれの国の憲法や法令に従って行動する」とあるように、その内容に応じて、日本も憲法や法律の制約の下で可能な範囲の行動をしていかなければならないと思います。

具体的な問題に関してはその都度、良識に基づいて日米が話し合って行動すべきですが、一般論で言えば、ネオコンの掲げている思想は決して日本にとってためにならないものではないと私は思います。

高畑昭男（たかはた・あきお）
1949年東京都生まれ。外交ジャーナリスト。国際基督教大学教養学部を卒業し毎日新聞社入社。毎日新聞ロンドン特派員、ウィーン・東欧特派員、ワシントン特派員、北米総局長などの海外勤務、論説副委員長等を経て、2007年より産経新聞論説委員。論説副委員長、特別記者等を経て、2013年より2020年まで白鷗大学経営学部教授。現在は産経新聞客員論説委員、NHK文化センター講師、環太平洋大学（IPU）非常勤講師に加えて、2022年より公益財団法人ニッポンドットコム非常勤理事。著書に『「世界の警察官」をやめたアメリカ』（2015年、ウェッジ）など多数。

第六章　トランプはなぜ嫌われるのか

デーブ・スペクター（テレビプロデューサー）

デーブ・スペクター氏（テレビプロデューサー）インタビュー

トランプが大統領になったら、アメリカ国民は本当に恥ずかしいです

2016年の大統領選はノリでトランプが大統領になってしまったが、2020年はトランプを大統領にしてはいけないと、反トランプ票がバイデンにあつまり、彼が大統領になった。なぜ、トランプはそこまで人気があり、そこまで嫌われるのか？　アメリカの国民性と政治性を肌で実感しているデーブ・スペクター氏に聞いた。（2024年4月24日取材）

アメリカ大統領の予備選はカスみたいなやつも出ます

編集部　**共和党の代表にトランプが選ばれましたが……。**

デーブ・スペクター氏（以下、デーブ氏）　選んだというか、乗っ取られているといったほうがいいですよ。アメリカは大統領になりたい人が、勝手に手を挙げて予備選に出ることができます。トランプもそうやって大統領候補になりました。だから、止めようがないんです。

そして、予備選にさえ勝てれば、党の候補になります。昔は民主党でも、共和党でも、本部が大統領候補を決めるにあたって、もっと戦略的に動いていましたが、いまは何もしていません。

だから、カスみたいなやつも出るんです。どうせ勝てっこないってわかっていても知名度を上げるために出る。金を持っているから出るだけという人もいます。もう、暇つぶし。

アメリカの民主主義は全体的によくできていると思いますが、大統領選だけは良くありません。ナンセンスですよ。

ご存じのように、大統領選は、選挙人制度で過半数とらないといけません。選挙人は州ごとに決めます。そして、限られた6つの激戦州の結果で、大統領が決まってしまいます。

後の州は投票しなくてもいいんです。ばかげていますよ。これで誇れる選挙と言いにくいですよ、正直言って。

トランプというモンスターをつくったのはメディア

編集部　確かに、ニューヨークやカリフォルニアに住んでいる人からすれば、自分がバイデン入れても入れなくても、結局、激戦州の結果で大統領が決まってしまいますからね。

デーブ氏　行くだけ無駄だもん。だから、投票率も低くなる。接戦州の人や、接戦州でなくても自分が投票しないと候補者が負けるかもしれないと不安になる人は投票に行きますけど、基本的に関心が低い。それでも、結果確実の州でも投票する意味があるのは、得票数が多ければ多いほどメッセージになるから、行く人は行く。

トランプが2016年に出たときは、自分も含めて、みんな面白いから見ていました。当時、面白くない大統領候補が多くて、地味で盛り上がらなかったんですよ。それでいきなりトランプが出てきたから、面白半分にちゃかしたりしていましたよ。

トランプは「アプレンティス」という人気番組で話題になりました。テレビ番組の司会をやる前もニューヨークでは不動産の実業家として有名でした。トランプのビルは立派ですよ。デザインもかっこいいし、僕も大好きだけど。ただし、中を見ると空っぽなんです。

ちなみにトランプの所有するビルやホテルは綺麗でかっこいいですが、肝心のトランプタワーだけは、皮肉にも下品ですごくケバいです。ギンギラギンで、マカオのカジノみたいな感じですよ。

そのトランプがテレビ番組で話題になった。髪型などが面白いじゃないですか、で、「お前、クビだ」とか言って、人気があったのは事実です。日本でいうタレント議員みたいなノリです。彼はぶっ壊し屋だし、深く考えないでメディアが左も右も真ん中も必要以上にトランプを取り上げちゃった。まさか通ると思っていなかったから。

トランプというモンスターをつくったのはメディアですよ。視聴率はとれるし、面白いからって。でも、その結果、大統領になっちゃった。勢いをつくっちゃった。結局、もっと共和党から出てもおかしくない人が負けてしまった。

だから、メディアは少しは反省したかもしれません。ただし、反省したはずなのに、トランプの裁判を派手に中継しています。空から裁判所に向かっているトランプの車を撮影しています。これに対して「お前ら、何、映しているんだよ。カーチェイスじゃなくて、通っているだけなんだから、いちいち空撮放送するなよ」と言っている人もいます。結局、メディアは同じことを繰り返しているだけです。実は反省していないですよ。

トランプは見世物的に視聴率をとっているだけ

編集部 トランプは、メディアからすると視聴率がとれる人物ですか？

デーブ氏 そうなんですよ。他の人たちはつまらない。ただし、いまは人気よりも、問題人物でニュース性も高いし、何するかわからない、とんでもないこともやるし、見せ物的に視聴率がとれているだけです。しかも、トランプは自滅しそうじゃないですか。前の勢いもないし、パワーもないです。例えば、一番わかりやすいのは、アメリカの住宅街や郊外などの家の前に、ポスターが貼ってありますが、トランプのものが減っています。

あいかわらず、MAGA（マガ）といわれているトランプのコアな支持層はいます。約30％いますけれど、目に見えるような支持は少し減っていますね。

みんな辟易していると思います。うんざりなんです。2016年は、面白いから「たまにはいいんじゃない、こういうぶっ壊し屋も」という感じがありました。いろいろなことをやってくれそうな感じがしたけど、大統領になった4年間はめちゃくちゃでした。

アメリカに恥かかせて、信頼なくして、めちゃくちゃ。みんな、トランプが恥ずかしいし、みっともないと感じていますよ。トランプはパフォーマンスだけ。金正恩と会っても、その後何もフォローしないし、意味ないですよ。金正恩と写真撮りたいだけですよ。

その後の、バイデンの3年間をアメリカ人は見ています。なんだかんだ言っても、バイデンは悪い人じゃないということはわかります。陰謀論を信じている連中がバイデンは良くないと言いますが、冷静に見れば、民主党の支持者じゃなくても、国のために尽くしているということぐらいはわかります。

確かにバイデンは大統領の素質はないし副大統領止まりの人材だったと思いますが、50年間も国に奉仕しています。トランプは大統領の仕事さえまともにしていません。政策のイシューさえ把握していません。ブリーフィングも聞かない。

大統領に対して、毎朝早い時間に、CIAやペンタゴンなどの幹部が、世界の動きや昨日の夜中に起きたこと、さらには今日の動きを丁寧に説明します。しかし、トランプはまともに聞きません。彼は本も読みません。どうしようもないですよ。ＦＯＸＴＶだけ見て、自分がどう取り上げられているか、気にしているだけです。

どんなにバイデンを支持していない層でもですよ。アメリカの景気はいいし、バイデンは真面目だし、品があるし、歩き方はちょっと、『スター・ウォーズ』のＣ－３ＰＯみたいだけど、恥ずかしくはないんですよ。

バイデンのネックは国境問題

編集部　バイデンに問題はないのでしょうか？

デーブ氏　国境問題があります。あれはひどいですよ。正直言って、移民をもっと止めないといけません。あれはダメです。移民というか難民が、ニューヨークに溢れかえっています。難民は法律で受け入れるとなっているため、どんどん増えていて、治安も悪くなっています。トランプ自身は、きっと移民のことなど心配していないと思いますが、イシューとしては正しいことを言っています。

日本も外国人が増えていますが、インバウンドだから問題はありません。いずれ彼らは帰国します。お金を落として帰ってくれます。アメリカはそうではありません。

もしかすると、日本の人口は減っているから、50年後にアメリカと同じようになるかもしれませんが……。

編集部　アメリカは移民が入ってくることによって、活力も生まれてきたというイメージはあります。

デーブ氏　しかし、移民と不法移民は違います。合法的に入ってくる人は数が限られています。それにプロセスもあるから、やたらと増えません。

しかし、今、何万人もの不法移民が毎日、メキシコなどから渡ってきています。それがダメなのです。ただし、移民の人たちはよく頑張っていて、日本で言うと3K職場、やりたくない仕事について働いています。

だから、その姿を見ている二世は特に頑張ります。親の苦労を知っているからです。そして、親に感謝しています。アメリカに来て産んでくれて、ありがとうと。すごく真面目です。だから、僕は移民反対でもなんでもないです。バイデンだってアイルランドからの移民です。ずっと昔ですが……。

今の移民はアメリカに馴染もうとしていない

デーブ氏　だけど、いまは入ってくる人が多すぎます。それに、多すぎるだけじゃなくて、アメリカの社会に馴染もうとしていません。昔の移民はアメリカに馴染もうとしていました。しかし、今は、自分の元の国のテレビを見るわ、新聞はあるわ、コミュニティーもあって、馴染む必要がなくなっています。

昔から、リトルイタリアなどありました。僕はシカゴの出身ですが、ポーランド人が多くて、日本人もたくさんいましたが、馴染むんです。

今はそうではありません。ロサンゼルスの韓国人街を見てもわかるように、看板にはハングル文字しかありません。英語すら書きません。それは良くないですよ。

消防署の人たちが指摘しています。「どうやってお前のところを探すんだよ」と。ハングル文字が読めない消防士は、目的地にたどり着けません。これは問題になりました。

昔は移民の人たちはアメリカに馴染まないと生きていけませんでした。ところが、今はネットがあって自分の国の情報は全部見られるし、言葉がわからなくても電子辞典を使えばなんとかなるし、食料品だって、イスラムのハラルフードも普通に買えます。何も不自由しません。

自分の元の国のコミュニティーがすでにできているのです。いまなくても、入ってくる人が多いのですぐできます。馴染む必要がないのです。だから、いまは緊急事態です。

そういう意味で、トランプの良し悪しはさておいても、共和党を支持したい気持ちはわからなくもありません。

他にも、治安に関しては、バイデンのせいじゃありませんが、民主党が問題です。治安については、すべてローカルで決めることです。検察官とか検事、裁判官たちが民主党寄りか、あるいは民主党で選ばれている人たちもいるから、犯罪者に対して甘すぎます。

犯罪者をすぐに釈放してしまうから、警察もうんざりしていますよ。捕まえてすぐに釈放だから、〝何だこれは〟という気持ちを抱きます。

この国境問題と犯罪がバイデンのネックです。

ただし、トランプも衰えてきています。結構、言い間違いもあります。バイデンほどじゃないですが、元々、トランプはしゃべり上手ではありません。強気で発言しますが、知恵もないし、ウィットもない。ギャグはちょっとうまいけれど。あと、ダンスが大好きで。あのダンスを見るために、もう1回やらせてもいいと思うぐらいです。

ネイティブが聞くとわかりますが、ボキャブラリーが貧弱で、言い直しをします。しょっちゅう2回、同じことを繰り返す。つまり、表現が豊富じゃないんです。初めてですよ。公の場で。信じられないですよ。

トランプの表現は中学生レベル

編集部　そういう大統領は初めて?

デーブ氏　そうです。難しい言葉も使わないし、中学生レベルですよ、はっきり言って。しかし、残念なことに、日本のニュースではこれが伝わりません。字幕がまともな日本語にしてしまうからです。正しい日本語だから、まともに見えちゃう。ナレーションでも、ナレーターさんがプロだからすごく上手だけど、あのばかっぽさは出せていません。ナレーターさんもやりにくいと思いますよ。

面白くやろうとしているナレーターさんもいますが、ばかさ加減は伝わってきません。しかし、アメリカ人にとって、とても恥ずかしいんですよ、一国の大統領として。ここが、日本では伝わらない。

字幕を全部カタカナにするとか、漢字を使わないとか。漢字を使うから、頭が良く見えてしまいます。全部ひらがなで書くべきですよ。

トランプは今、Twitter（現X）をやっていませんが、Truth Social（トゥルース・ソーシャル）という自分のSNSをつくりました。これを平均29回、毎日打っています。普通、あれを見たら、この人、ちょっと危ないよって通報したくなるぐらいな内容です。大文字だけで打つときもあります。

編集部　**大文字だけ？**

デーブ氏　大文字だけ。日本語には大文字ないからピンとこないかもしれませんが、普通の人は大文字だけを打つことはやりません。だからもう、彼はイッちゃってるんですよ。

編集部　支持層に高卒出の白人も多くいるので、あえてそういう言葉を使っているのではないでしょうか？

デーブ氏　そこまで賢くない。体が大きいから大物感がありますが、お父さんも不動産をやっていた「ばかジュニア」ですよ。はっきり言って。

立派なビジネスマンという説もありますが、何回も倒産した上に、カジノまでつぶしています。カジノ、倒産します？　普通。

編集部　そうですね。

デーブ氏　しないでしょ。カジノが倒産するなんて、ありえないですよ。

アメリカで「ザ・トゥナイト・ショー」などの23時35分からやっているトーク番組があります。他にも土曜日の夜に「サタデー・ナイト・ライブ」というコント番組があります。大変人気ですが、トランプはめちゃくちゃにネタにされています。小ばかにされています。

しかし、日本人はそういう番組は見ないですよね。だから、トランプのばかさ加減が伝わらないのです。

日本で、トランプ関係のニュースは一部の日本人特派員が書いているものしか入ってきません。日常的に見てないから、本性がわからないんですよ。ただただ面白いと思っているだけです。

昔の共和党は保守だったがクレイジーじゃなかった

編集部　ただし、アメリカにトランプを熱狂的に支持している人たちは多くいますが……。

デーブ氏　トランプの支持層は、彼が大好きで、ネガティブなものは見たくないから遮断しています。以前と違って、「朝まで生テレビ！」じゃないですが、両側の意見を聞いてみようという人はいません。分断していて、どっちかしかありません。

昔はありました。共和党は保守的でしたがクレイジーじゃありませんでした。人工妊娠中絶を全部ストップさせるとか、そこまで主張することはありませんでした。MAGAと呼ばれる、赤い帽子をかぶっているトランプ支持の岩盤層は、融通が利かないどころか、少しも反対の意見を聞こうとしません。

トランプの隠れた支持層の中に白人優先主義者は多くいます。今のアメリカは白人系がどんどん減っていて、いずれ半数を切ってしまいます。昔なら、考えられません。2050年頃には、今のマイノリティーのほうが半数を超えます。

それを白人優先主義者は恐れています。そのこと自体は、わからなくはありません。テキサス州に英語が通じない人が大量に来ているとか、ミシガン州などでは、スカーフで顔を覆っているイスラム系の人が多くなっていて、良くも悪くも、時代が変わっている不安感があります。

だから、白人の大国がなくなってほしくないという願望で、トランプを支援している人もいます。隠れ白人主義者たちです。それも理解できなくはありません。確かに、あまりにも移民を受け入れすぎです。先ほど話したように移民はダメじゃありません。みんな移民だから。僕もそうです。だから、移民は全然、反対じゃないですよ。先ほども言いましたが、問題は多すぎること。津波のように来ています。

バイデンに投票する人はバイデン支持というより反トランプ

編集部　バイデン支持層は、今回もバイデンに入れるのでしょうか？

デーブ氏　バイデンの支持層は、バイデン支持というよりトランプを止めようという人たちです。2020年の大統領選では、2期目のトランプに耐えられないということでバイデンに入れたのです。それは、実績と安定感があるからです。そして、バイデンが未知数の人じゃないからです。知らない人だと、どんな大統領になるかわからない。それどころか、バイデンは副大統領を8年もやっているので、未知数はゼロですよ。

今回、あれだけの年齢になっているにもかかわらず彼が民主党の候補になったというのは、伝統的に現職の大統領をなかなか外せないからです。

ただし、ネックはカマラ・ハリス副大統領。弱い、弱い。魅力ゼロ。あれは失敗です。

編集部　なぜ替えなかったのですか？

デーブ氏　副大統領を替えると、メリット、デメリット、両方あります。まず、すごく冷たい人に見える。切ったということになるからです。

ただ、彼はあまりにも高齢で、4年もつかどうか。死ななくても勇退する可能性があります。カマラは誰も見たくない、しゃべり下手だし、ひどいですよ。全然魅力がありません。上院議員までの人です。大統領になる器の人ではありません。

バイデンが、最初から「黒人女性を副大統領にする」と言ったこと自体が間違いです。一番優れた人を選ぶべきなのに、言ってしまった。なおかつ、カマラは黒人といっても、アメリカの黒人ではなくインドとジャマイカのハーフです。だから、すごい支持層があるわけではありません。悪いけど、副大統領の任命は大失敗です。しかし、これからの4年間を考えると、トランプは論外です。常識が少しでもあれば、そうなります。

民主党の政治利用に見えてしまうトランプ裁判

編集部　民主党支持者の中に、トランプ支持ではないにしても、トランプは〝すごいな〟

などと思う人はいないのですか？

デーブ氏　一人もいない。アホだと思っている、残念ながら……。とにかく理念が全くないから。もちろんトランプ支持者の中には、政治以外の面でいい人は沢山いますが。

現在、パープルステート（激戦州のこと、共和党の赤でもなく民主党のブルーでもなく中間で、どちらにもなる州）でも、新しい人が増えて状況が変わっています。民主党支持も増えています。

日本人はあまり知りませんが、アメリカの人口構造は、4年たつとすごく変わります。民主党寄りの都会からテキサスに移住したり、アリゾナに移住したり、結構動きます。もちろん、逆もあるから、毎回州の人口構造が変わります。特に都会が激しいです。いま都会は物騒で治安が悪いから、郊外に移住する人たちが増えています。

サッカーマム（Soccer mom）と言って、郊外で子どもをサッカーの練習に連れていくお母さん方（お父さんもいる）が典型的な若い有権者です。その人たちの影響力は強いです。

ただし、民主党もトランプ裁判などを政治利用しているように見えるから、そこを突かれています。トランプの抱えている4つの裁判などは、確かに茶番に近く、ほぼ微罪です。例えば、口止め料に関する事件は違法ではありませんん。道徳的問題はありますが、記載に嘘をついたからといって、そこまででかい裁判にしなくてもいい。違法ではない。だから、政治利用と言われたら政治利用なんです。

トランプが自分の会社の売り上げや資産をごまかしても、裁判までやらなくてもいいことです。書類をフロリダに持ち帰ったというのは、トランプが地元民に自慢するためのおみやげです。

これらの裁判は、バイデンや民主党の上層部の意向で行っているわけではないですが、民主党の地方が先走っています。だから、どうしても政治利用に見えてしまう。

正直いって、トランプに対しては裁判ではなくて、実績のなさと、危険性や能力不足とかを強調したほうがいいんですよ。そうしないと、トランプ側からの「魔女狩り」批判に負けてしまいます。トランプにネタを与えているんですよ。

だから、トランプのディープステートの主張に材料を与えてしまっています。トランプの支持者は彼の主張を信じてしまいます。陰謀論が大好きな人は多いんですよ。

日本でも陰謀論が流行っています。ディープステートやアポロの月面着陸はなかったなどいろいろありますが、楽しいから面白がっているだけです。楽しむ分にはいいですが、陰謀論をあれだけの人たちが信じるのは、恐ろしいことですよ。

編集部　確かにトランプ支持者に陰謀論者は多いです。

デーブ氏　その人たちは聞く耳を持ちません。さらにメディアが煽っています。デマを流しています。

実際、ＦＯＸＴＶは訴えられて負けました。２０２０年の選挙で機械が勝手にバイデンに投票数を増やしたとＦＯＸＴＶは報道しましたが、その機械のメーカーに訴えられて負けました。だから、トランプの支持者には、本読めとかまでは言いませんが、Wikipediaぐらい読めよ、と言いたい。頭悪いとは言いたくはありませんが、丁寧に言えば、メディアリテラシーがない人たちばかりです。

メディアリテラシーがないから知ろうとしないし、本も読まないし、新聞も読みません。有名な格言があります。民主主義は民衆の頭の良さで決まると。頭次第。インテリジェンス次第です。つまり、民主主義がうまくいかないのは、民衆が賢くないときですよ。だから、トランプみたいな人を選んでしまうのです。

悪い点には目をつぶるトランプ支持の原理主義のクリスチャン

編集部　より具体的にトランプのイシューの問題点はどこにあるのでしょうか？

デーブ氏　トランプは「アメリカ・ファースト」と言って、世界の紛争に関わらないと主張します。それはダメです。アメリカのリーダーシップがなくなります。

そもそも、トランプはベトナム戦争を忌避して、徴兵から逃げたんですよ、足の故障という理由で、うそに決まっています。なのに、トランプは集会で、アメリカの国旗を抱きしめています。よくやりますよ。

トランプの支持者に原理主義のクリスチャンが多くいます。狂信的なクリスチャンです。しかし、本来的な原理主義のクリスチャンは、彼を支持しないはずです。道徳的に許せないからです。不倫はするし、下品だし。

だから、原理主義のクリスチャンは目をつぶっています。なぜかというと白人主義だからです。一番熱狂的な支持者に限って、トランプの悪いところに目をつぶっているんです。トランプの弱点の一つは中絶問題です。人工妊娠中絶に絶対反対といっているわりには、原理主義のクリスチャンには不十分な内容でした。やっとこの前、保守層で固めた最高裁で、州で決めればいいと逃げたんですけど……。

クリスチャンの支持者には、がっかりしている人も多いんですよ。彼らは人工妊娠中絶に絶対反対ですから。最高裁の判決では、州の住民投票で人工妊娠中絶を認めてしまうことになりますし、実際、いくつかの州ではそうなっています。

しかし、それでも彼らは目をつぶるんですよ。つまり、トランプが白人中心のクリスチャンのシンボルになってくれているから、目をつぶるのです。偽善者ですよ。

単純にトランプは面白いやつだなという人は許せます。一つの娯楽として応援しているだけだから。しかし、熱心な支持者こそ偽善者ですよ。

名前だけの共和党員が多くなった共和党

編集部　他の方もおっしゃっていますが、共和党の支持者の質が変わっている？

デーブ氏　いまの共和党員はＲＩＮＯ（ライノ）と呼ばれている人が増えています。ＲＩＮＯは“Republican In Name Only”の頭文字です。形だけの共和党員という意味です。トランプもそうです。以前の共和党はそんなに過激ではありませんでした。

保守的だけど過激ではなかった。下院議員にマージョリー・グリーンという人がいますが、トンでもない陰謀論者です。過激なトランプ支持者。そんなおかしい人がたくさん増えています。

冒頭で言いましたが、そのような過激なトランプ支持者に共和党は乗っ取られているんですよ。別にトランプは共和党でなくてもいいんです。大統領候補になればいい。彼は民主党でもいいんですよ。大統領になれるイスが空いていればいいんです。

トランプは大統領になるために全部パフォーマンスでやっているだけ。しかし、トランプの言説を本気で信じている共和党員がいます。これは怖い。もともとの共和党員ではありません。だから、Republican In Name Only、名前だけの共和党といわれています。狂信的になりすぎて怖い。

さらにＣＩＮＯと呼ばれるクリスチャンもいます。“Christians in Name Only”。形だけクリスチャンという意味ですが、価値観がおかしくなって、ゆがんでいる。

ちなみに、トランプは“Billionaire In Name Only”と呼ばれています。トランプは自分で言っているほど稼いでいないから、形だけの億万長者という意味です。

いまの共和党は偽物だらけですよ。

民主党もリベラルが行きすぎている

デーブ氏 一方、民主党も問題ありです。極左がいます。ニューヨーク州選出の議員などですが、4人の過激な女性がいます。もう完全にイッちゃっています。

そのひとりにAOC(アレクサンドリア・オカシオ＝コルテス)という女性がいます。ちょっとセクシーだけど、ニューヨーク州選出の下院議員です。やりすぎです。

ウォーク(woke)という言葉があります。目覚めた人という意味ですが、人種差別や女性差別に対してかなり過激に反応する人たちです。彼女はそのウォークで、前向きすぎます。やりすぎのSDGsの連中みたいなもの、リベラルすぎます。

他にも、いまの大学キャンパスもおかしくなっています。パレスチナ支持はいいですが、やり放題になっています。アメリカの大学もリベラルに行きすぎています。先ほども言いましたが、犯罪に対してもリベラルすぎて、すぐ釈放してしまう。だから、民主党も反省すべきところがあって支持できない部分もあります。

僕は基本的に民主党派ですけど、やっぱりダメなところはダメなんですよ。僕と同じような民主党支持者は多くいます。僕は、建設的な討論やディベート番組を冷静に両方見ていますが、知事とか市長なら、別に共和党でもいいと思っています。

場所によっては、相手によってはね。ニューヨークはあんな治安が悪いのに民主党の人を選ぶから厳しくなりません。犯罪の取り締まりを厳しくする人を選ぶべきです。2001年までニューヨーク市長を務めたルドルフ・ジュリアーニのような人を選ぶべきです。

ただし、大統領は別ですけど。

編集部　**分断しているアメリカですが、良心的な人もいると思います。その人たちがなんとか元のアメリカに引き戻すなど、建設的な雰囲気は起きないのでしょうか？**

デーブ氏　共和党にも良心的な人はいます。ジョンソン下院議長は極右で、絵に描いたようなＭＡＧＡタイプだけど、ウクライナと台湾に対しては援助をしないといけないと努力して予算を成立させました。ジョンソン議長さえ、このままの共和党では、どんどんクレイジーのほうに流れてしまって自滅すると危機感を持っていると思います。

以前のアメリカは健全な政権交代ができていました。日本の民主党もそれを見習って、二大政党を目指しました。しかし、いまのアメリカはそのバランスが崩れて、共和党がかなり縮小しています。

トランプは、２０２０年の大統領選ではバイデンに、２０１６年の大統領選ではヒラリーに、全体の得票数では負けています。いま自ら民主党の党員であると言っている人は共和党の党員に比べて圧倒的に多いんですよ。

しかし、冒頭にも話しましたが、選挙人のばかばかしい制度が大統領選を混乱させているのです。トランプの支持者が、アメリカの地図を見せて「バイデンがこんなにとれるわけねえだろう」と言っているんですよ。ところがよく見ると、赤（共和党支持の州）はすごく広いけど、人口密度はほとんどありません。田舎なんですよ、面積だけがある。

日本の選挙を見ていて、非常に静かだと感じます。それもたった2週間だけが選挙期間。ポスターも同じサイズで平和ですよ。うらやましいと思います。アメリカの大統領選挙は

1年以上やりますから。

さらに、1期目の現職は2年目からもう選挙モードに入っているといわれます。ばかばかしいですよ。僕は「日本に見習え」って言いたくなっちゃう。良くも悪くも、一応、コントロールは効いています。クレイジーな人を滅多に選びません（笑）。それに君主制です。

日本は君主制だから安定している

編集部　君主制？

デーブ氏　日本は天皇制。イギリスやスペインなどと同じく君主制です。君主がいるということは、何かあったときに、首相以外にトップがいるということです。

だから、優しい会長さんがいる会社みたいです。会社には来ないけど、優しい会長さんがいるから、何かあったら電話してみる。

イギリスの議会は、どんなに荒れていても、以前ならエリザベス女王が、いまはチャールズ国王がいます。エリザベス女王は世界で一番尊敬されている人でした。

政治のことはしないと言っても、日本には天皇陛下がいます。だから、政府が解散しても安定しています。

そこがアメリカと日本の選挙制度の大きく違うところです。アメリカの大統領選は改善するところがいっぱいあります。

編集部　大統領選で州ごとに代表を決めて、その州の票を全部持っていくというシステムは昔から同じなのですか。

デーブ氏　そうです。アメリカは合衆国です。このことが一番わかりやすいのは上院議員です。上院は100人しか議員はいません。なおかつ、どの州でも2人です。どんな大きい州でも同じです。カリフォルニア州が国で例えれば世界で6番目の人口です。一方、オクラホマ州やノースダコタ州のように牛のほうが多いところでも2人です。

なぜ、そうなっているかというと、アメリカが建国された当時、都会に人が集まりすぎてしまうから影響力を持ちすぎないようにするためだったのです。当時から農業はものすごく大切でした。だから、人口に関係なく上院は2人にしたのです。

下院は人口の割合で人数が決まります。アメリカは独裁を恐れてイギリスから独立しました。だから、アメリカに王族はいません。アメリカは独裁政治、あるいは独裁者を非常に恐れているために、このような国づくりをしたのです。

選挙人にしたら、独裁者を選べなくなります。なぜかというと、州ごとに集会で独裁者を拒否することができます。通常は州の投票のまま選びますが、譲ることもできます。だから、選挙人制度は、独裁者を出さない最後のセーフティーネットだったのです。

最初の発想は正しいのです。直接選挙だと人気投票だけになって、独裁者が生まれる可能性はあります。それで、セーフティーネットとして選挙人制度にしました。

しかし、300年近くたっても変わらないのはおかしいと思います。アメリカの選挙日がなぜ火曜日なのか。通常は日曜日が選挙日です。日本もそうですよね。しかし、アメリカは火曜日。

それは、農家が日曜日は休日で仕事ができず教会に行く日だったため選挙に行けなかったのです。さらに投票所が遠く、泊りがけで行く人たちも多かったので火曜日にしました。

だけど、いまはナンセンスじゃないですか。アメリカの法律が時代についてきていません。だからもう、あほらしいですよ。選挙人制度を変えて、直接の住民投票にすればいいと思います。

怖いのは直接選挙だけだと、独裁者が現れてしまうかもしれないことです。トランプもまさにそうだけど、アメリカは民主党の支持者が多いから最終的にクレイジーな人にはなりません。確かに、カマラ・ハリスみたいに物足りない人になるかもしれないけど。それでも、完全にクレイジーな人はディベートで淘汰されます。

民主主義のアメリカで、最も恥ずかしい議会襲撃をしたトランプ

編集部　最後の質問ですが、もしトランプになったら、アメリカはどうなりますか？

デーブ氏　恥ずかしい思いをすると思います。

ただし、プーチンと仲良いですから、プーチンにウクライナとの戦争をやめろ、撤退しろと言ったら、意外にできるかもしれません。トランプは自分のことしか考えてないですから、逆によく思われるんだったら、ここを頑張るかもしれません。

プーチンもトランプといい関係だから、じゃあ、自分もトランプも良く思われるなら撤退してみようかってなるかもしれない。いや、5％か10％くらいの確率しかないと思いますが……。

北朝鮮ともうまくやるかもしれない。モラル的に、バイデンやオバマは金正恩と会いません。人権無視の人と会いたくないんですよ。市民権を与えることになってしまいます。しかし、トランプはモラルがないから平気です。だから、トランプには意外とそういう点では役に立つかもしれません。しかし、外交のほんの一部です。

結局、恥ずかしい思いをすると思います。アメリカは民主主義と自由と人権の国です。一応、いろいろ問題があっても、最前線でそれらを守っている国が、あんなみっともない議会襲撃を起こすのは、本当に恥ずかしいことです。

2021年1月6日、全世界に対して恥をかいたんですよ。しかも、恐ろしいことにトランプは平気で止めようともしない。正気じゃないですよ。無責任です。

僕は、トランプは大統領に当選しないと思います。トランプのファクトチェックをすれば、誰も彼に投票しません。誰一人入れない。だって、平気でうそをつくから。大統領時代もそうですけど、平気でうそをつく。根拠のないことを言う。

ファクトチェックには、しっかりした証拠があり、過去の議会記録でトランプはこう発言したとか、全部説明しています。だから、ファクトチェックなのです。しかし、トランプの熱狂的支持者はファクトチェックさえしません。それが問題なのです。

デーブ・スペクター（Dave Spector）
アメリカ・シカゴ出身。小さい頃からアメリカで子役として舞台、テレビ、CMで活躍。その後、テレビプロデューサー、放送作家として活躍するようになり、1983年、米国ABC放送の番組プロデューサーとして来日。アメリカのテレビ番組や情報などを日本に紹介するなど、日本の情報番組にも数多く出演。一方、アメリカのテレビ番組やイギリスBBCテレビなどで、日本国内の取材・調査やレポーターもこなし、数多くの日本の情報やニュースなども紹介している。著書には、『いつも心にクールギャグを』（幻冬舎）、『ニッポンの闇』（新潮新書）など数多くある。

宝島社新書

トランプ人気の深層

（とらんぷにんきのしんそう）

2024年7月15日　第1刷発行
2024年8月22日　第3刷発行

著　者　池上 彰
佐藤 優
デーブ・スペクター
中林美恵子
前嶋和弘
高畑昭男

発行人　関川 誠
発行所　株式会社 宝島社
〒102-8388 東京都千代田区一番町25番地
電話：営業　03(3234)4621
編集　03(3239)0928
https://tkj.jp
印刷・製本　中央精版印刷株式会社

ISBN 978-4-299-05473-9